BERNHARD HEINZLMAIER

PERFORMER, STYLER, EGOISTEN

Über eine Jugend, der die Alten
die Ideale abgewöhnt haben

Originalausgabe
© 2013 Archiv der Jugendkulturen Verlag KG, Berlin
Alle Rechte vorbehalten
2. Auflage Juni 2013

Vertrieb für den Buchhandel: Bugrim (www.bugrim.de)
Auslieferung Schweiz: Kaktus (www.kaktus.net)
E-Books, Privatkunden und Mailorder: www.shop.
jugendkulturen.de

Lektorat: Klaus Farin
Satz und Layout: Conny Agel
Druck: werbeproduktion bucher

ISBN 978-3-943774-43-6 (Druckausgabe)
ISBN 978-3-943774-45-0 (E-Book)
ISBN 978-3-943774-44-3 (PDF)

Unsere Bücher kann man auch abonnieren:
www.shop.jugendkulturen.de

INHALT

BERNHARD HEINZLMAIER

PERFORMER
STYLER
EGOISTEN

ÜBER EINE JUGEND,
DER DIE ALTEN
DIE IDEALE ABGEWÖHNT HABEN

Der Autor

Bernhard Heinzlmaier ist seit über zwei Jahrzehnten in der Jugendforschung tätig. Er ist Mitbegründer des Instituts für Jugendkulturforschung und seit 2003 ehrenamtlicher Vorsitzender. Hauptberuflich leitet er das Marktforschungsunternehmen tfactory in Hamburg.
Kontakt: bheinzlmaier@jugendkultur.at

VORWORT

Die Jugend ist ein sensibler Seismograph für gesellschaftliche Missstände. Meist reagiert sie schon lange, bevor Erwachsene von den Problemen etwas mitbekommen. Beweis sind die Demonstrationen der Jugend in vielen Städten Europas in den letzten Jahren. Auch die Occupy-Bewegung und der Aufstand der Indignados in Spanien illustrieren, dass unsere Gesellschaft für alle, insbesondere aber für die Jugend, immer weniger lebenswert geworden ist. Leider sind diese Bewegungen bis dato nur ein kurzes Aufflackern von Protest gewesen und in der Zwischenzeit schon wieder von der Normalität der Leistungs- und Konkurrenzgesellschaft an den Rand gedrängt worden. Es gibt offenbar zu wenige Energieressourcen für den Widerstand in einer Zeit, in der die Menschen ihre ganze Energie für den täglichen Konkurrenzkampf verbrauchen.

Leben ist kein Vergnügen mehr. Anstelle von Selbstverwirklichung und der puren Freude am Dasein regieren Zukunftsangst und Depression den Alltag. Eine menschenverachtende Leistungsideologie, propagiert von durch Ehrgeiz und Allmachtsfantasien getriebenen Neo-Yuppies, ist dabei, die für das Zusammenleben der Menschen so wichtigen Werte wie Toleranz, Solidarität, Gerechtigkeit und Mildtätigkeit zu verdrängen. Das Prinzip „homo homini lupus" macht nur jene glücklich und zufrieden, die von einer der amerikanisierten, durch die Wirtschaft finanzierten Ausbildungsfabriken zu amoralischen Egowesen geformt wurden. Die anderen, noch nicht komplett angepassten jungen Menschen sind schockiert und verzweifelt, lassen ihren Frust auf der Straße heraus, richten die Aggression im Alkohol- und Drogenkonsum gegen sich selbst oder flüchten sich in Passivität und Gleichgültigkeit gegenüber der Gesellschaft.

„Ökonomisierung des Lebens" lautet einer der zentralen Begriffe der aktuellen Gesellschaftsanalyse und er verweist darauf, dass heute nur mehr das begründbar und berechtigt ist, was sich vor dem Richterstuhl der ökonomischen Imperative bewähren kann. Was nicht der ökonomischen Logik gehorcht, sich nicht verwerten lässt, wird an den Rand gedrängt, exkludiert, auch wenn es sich dabei um Menschen handelt. Die einzig berechtigten Werte scheinen materielle Werte zu sein. Wer für Gerechtigkeit und sozialen Idealismus plädiert, der wird von neokonservativen Pragmatikern und egozentrischen Utilitaristen freundlich und milde belächelt.

Hintergrund all dieser Entwicklungen ist eine Bildungsmisere höchster Güte. Bildung wird durch Ausbildung ersetzt. Gut ausgebildete kalte TechnokratInnen, dazu erzogen, ihre Projekte voranzutreiben, ohne dabei an die gesellschaftlichen Folgen zu denken, sollen den noch verbliebenen Rest der humanistischen Eliten ersetzen. Kritische Reflexionen sind nicht mehr gefragt. Gerne lässt man sich dirigieren von vor Positivität triefenden Managementtrainern. Die Welt ist schön, alles ist super, wir packen das, was wir uns vornehmen.

In einer solchen Kultur ist einer, der etwas kritisch hinterfragt, schnell ein Miesmacher und Nestbeschmutzer. Motiviertes und fleißiges Tun nach Vorgaben ohne eigenständiges Denken ist gefragt. Bildung als Erziehung des Menschen zur Freiheit, Bildung als Persönlichkeitsbildung, Bildung als

Förderung von kreativen und ästhetischen Fähigkeiten, Bildung der „Gesinnung und des Charakters" (Humboldt) – alles längst verabschiedet und auf den Müllhaufen der Geschichte geworfen. Und die Konsequenzen des Ganzen für die Jugend? Sie muss in einer so genannten Erfolgsgesellschaft leben, in der es nicht darauf ankommt, ob man in der Lage ist, den Plural von „der Chor" richtig zu bilden, sondern darauf, dass man sich einen teuren Friseur, modische Anzüge und zweimal die Woche den Gang ins Solarium leisten kann. Denn der Erfolg ist von der Inszenierungsfähigkeit abhängig, nicht von der Leistung und schon gar nicht von der Klugheit. Denn klug sein ist nicht mehr cool in unserer Gesellschaft. Überlassen wir es dem flapsigen, nicht politisch korrekten Schauspielerjargon von Moritz Bleibtreu, die Sache auf den Punkt zu bringen: „In den 70er Jahren hat man Frauen bekommen, weil man über Adorno geredet hat, das funktioniert heute nicht mehr. Ich wünsche mir, dass es wieder cool wird, klug zu sein."

Jeder, der die Bildungsdebatten der letzten Jahre auch nur am Rande verfolgt hat, wird wissen, dass das, was Humboldt und andere Humanisten unter Bildung verstanden haben, heute kaum noch Akzeptanz findet. An die Stelle der alten Bildungsideale ist die Vermittlung von Fachkompetenzen getreten, die für den Einzelnen und für „die Wirtschaft" möglichst gewinnbringend verwertbar sein sollen. Bildung wird also unter das Diktat des Ideals des „homo oeconomicus" gestellt, dessen Interessen in erster Linie von einem materiellen Nutzenkonzept getragen werden. Ökonomische Nutzenorientierung in der Bildungspolitik bedeutet, dass die vermittelten Bildungsinhalte primär einem ökonomischen Zweck zu dienen haben. Wichtig ist nicht, was vermittelt wird und was es dem Einzelnen bedeutet, sondern ob es den ökonomischen Zweck erfüllt.

Diese ökonomistische Verkürzung und Verzweckung des Bildungsbegriffes geht mit einem tiefgreifenden gesellschaftlichen Wandel einher, den Wilhelm Heitmeyer als die Ökonomisierung des Sozialen beschreibt. Die Ökonomisierung des Sozialen ist die Folge einer Verallgemeinerung der Marktwirtschaft, d. h. ökonomische Imperative ufern aus, verlassen ihren angestammten Bereich, die Sphäre der Ökonomie, und greifen auf nahezu alle anderen Sphären der Gesellschaft über – auf Schule, Familie, Gesundheitswesen Bildung etc. Symbolisiert wird dieser Wandel in den gesellschaftlichen Strukturen und Werten auch durch die Veränderung des Sprachgebrauchs. So wurde beispielsweise Bildung längst zur Bildungsökonomie und Gesundheit zur Gesundheitsökonomie.

Die Ökonomisierung des Sozialen zieht die Ökonomisierung des Denkens nach sich. Vor allem die junge Generation orientiert sich weitgehend am individuellen ökonomischen Vorteil und ist dafür bereit, persönliche Überzeugungen und Vorlieben zurückzustellen, vor allem, was die Arbeitswelt betrifft. Arbeit und Selbstverwirklichung ist für einen immer größer werdenden Teil der Jugend nicht mehr miteinander zu verbinden. Man kann davon ausgehen, dass der Mainstream der Jugend die Arbeit als ein von außen auferlegtes Übel wahrnimmt, das es möglichst effizient zu absolvieren gilt, um sich im Anschluss an sie in der Freizeit, durch den Einsatz der durch die Arbeitsleistung erworbenen finanziellen Mittel, selbst zu verwirklichen. Nur den Bildungseliten gelingt es noch, Arbeit und Selbstverwirklichung miteinander zu verbinden.

Wir treffen heute aber auch auf ein Phänomen, das in den Sozialwissenschaften als Werteverschiebung vom Postmaterialismus zum Neomaterialismus bezeichnet wird. Der Neomaterialismus steht für eine Grundhaltung, die postmaterielle Werte der 1968er und post-1968er Generation wie Solidarität,

Toleranz, idealistische Selbstverwirklichung und die Kritik an gesellschaftlicher Ungerechtigkeit und Unterdrückung durch ein neomaterialistisches Wertesetting ersetzt, in dem die beherrschenden Werte Sicherheit, Konsum, sozialer Aufstieg, Nutzenorientierung und Affirmation der gesellschaftlichen Verhältnisse sind. Unter den Bedingungen einer materialistischen Wertedominanz werden Ethik und moralisches Handeln sekundär. „Flexible Bindungslosigkeit" (Richard Sennett) tritt an die Stelle von verbindlichen und emotionalen Beziehungen, Bildungseinrichtungen werden zu Ausbildungsgängen, die nicht mehr vermitteln als nutzbringend zu verwertende Fähigkeiten und Fertigkeiten.

Vor diesem Hintergrund kann es kaum verwundern, dass die drei für die Jugend wichtigsten Themenkomplexe Migration, Ausbildung und Arbeit/Arbeitslosigkeit sind. Wobei das Thema Migration und die Art und Weise, wie es von den Jugendlichen gedacht wird, einen ersten Einblick in die geistige und emotionale Mechanik einer Gesellschaft der gut ausgebildeten Ungebildeten gibt. Vor allem jene jungen Menschen, denen das, was man Menschen- und Persönlichkeitsbildung nennt, fast völlig fehlt, die den Sinn ihrer eigenen Existenz nur am materiellen Konsum in einer Eventgesellschaft ausrichten und die völlig unfähig sind zur Toleranz gegenüber dem Fremden und dem „sich Einfühlen" in die emotionale und kulturelle Situation von MigrantInnen, befürworten Politiken der Ausschließung und Abschiebung, nur weil sie glauben, dass die Zuwanderung ihnen zur Konkurrenz am Arbeits- und Freizeitmarkt erwächst oder weil es sie ängstigt, dass fremde Kulturen dabei sind, die Landeskultur zu modifizieren. Was umfassend gebildete Menschen als interessant und bereichernd empfinden, ist für den einseitig fachspezifisch ausgebildeten eindimensionalen Menschen die Quelle von Beunruhigung und Angst. Die gut ausgebildeten

Ungebildeten sind ängstliche Kreaturen, weil sie wenig über die Welt wissen. Alles, was sie kennen, betrifft den engen Bereich ihrer Fachausbildung. Ein Übermaß an Fachkompetenz korrespondiert mit dem totalen Mangel an Allgemein- und Herzensbildung. Kühl kalkulierend und mit stark begrenztem Horizont und engem Herz geht diese neue Elite der Ungebildeten durch die Welt, die Angst im Nacken, von anderen, ebenso „coolen" Charakteren wie sie selbst übervorteilt und aus dem Feld geschlagen zu werden.

Genauso instrumentell und zweckgetrieben, wie große Teile der postmodernen Jugend mit ihrer menschlichen und materiellen Umgebung umgehen, gehen sie auch mit sich selbst zu Werke. Eigene Interessen und Anlagen werden unterdrückt, anstelle dessen ergreift man jene Ausbildungen, die der Arbeitsmarkt am besten bewertet. Martin Heideggers Satz vom Tauschwert, der an die Stelle der ideellen Werte tritt, kommt einem in den Sinn. Paradigmatisch für diesen Trend sind die vielen Fachhochschulen und Privatuniversitäten, aber auch die nun verschulten und autoritär reglementierten staatlichen Universitäten, in denen Bildung systematisch durch die unkritische Akkumulation von Fachwissen und dessen Abprüfung im geistlosen Multiple-Choice-Verfahren verdrängt wird. In verschulten Ausbildungsgängen werden die Jugendlichen systematisch für die Verwendung in Industrie und Gewerbe hergerichtet, anstelle von Menschenbildung werden Konkurrenz- und Ellenbogenmentalität eingeübt. Der freie Geist wird unter einer Lawine von Regulativen, Normen und Richtlinien erstickt. Am Ende verlässt schön verpacktes und gut portioniertes Humankapital die bildungsökonomisch hoch effizienten Ausbildungsfabriken.

Und der große Teil der Jugendlichen wehrt sich nicht dagegen. Das ist mitunter schon die erste Auswirkung einer Technik der „Unbildung" (K. P. Liessmann), die aus jungen Menschen an Kultur und Bildung desinteressierte kühle Kalkulanten im Sinne ihrer individualistischen, materialistisch-kleinbürgerlichen Lebensziele macht. Vielleicht wird noch einmal die Zeit kommen, wo wir uns vor den gut ausgebildeten, aber ungebildeten Mitmach-Maschinen fürchten und uns den umfassend, im Hinblick auf ein ganzheitliches Menschsein gebildeten Menschen zurückwünschen werden.

Ein bekannter österreichischer Industrieller hat mich einmal während einer Bildungsdiskussion mit der Aussage überrascht, „Österreich braucht eine neue '68er Bewegung". Sein emotionales Statement zielte auf ein in der Normalität erstarrtes Land ab, in dem neue Ideen und Kreativität als störend empfunden werden und eine sich rasend ausbreitende Mentalität der kalkulierten Anpassung spontanes wie ideelles, nicht am unmittelbaren Eigennutz ausgerichtetes Handeln fast völlig ausgerottet hat. Die zweite 1968er Bewegung wird aber wohl ein, im wahrsten Sinne des Wortes, frommer Wunsch bleiben, der sich schwer erfüllen wird, ist doch die Jugend durch die Ausbildungsgänge, durch die sie getrieben wird, dem Denken in politischen Zusammenhängen dermaßen entfremdet, dass sie gesellschaftliches Engagement gar nicht mehr als Möglichkeit des Handelns in Betracht zu ziehen vermag. Ganz im Sinne von Alexis de Tocqueville überlassen diese jungen Menschen die Gesellschaft gerne sich selbst, nachdem man sie durch die gnadenlose Anwendung von Techniken der Unbildung dazu gebracht hat, ihre Prioritäten auf die kleinbürgerlichen Gemeinschaften zum eigenen Gebrauch zu verlagern.

Hamburg/Wien im März 2013

INDIVIDUALISMUS –
GEMEINSCHAFT –
GESELLSCHAFT

ÜBER DEN ZWANG ZUR SELBSTVERWIRKLICHUNG UNTER NEOLIBERALEN BEDINGUNGEN

Der Egozentrismus steht heute im Mittelpunkt von öffentlichen, aber auch von sozialwissenschaftlichen und philosophischen Diskussionen. Vor allem politische Parteien und die Kirchen beklagen die abnehmende Bereitschaft junger Menschen, sich für das Gemeinwesen zu engagieren. In der Philosophie sind es vor allem die aus dem angelsächsischen Raum kommenden Kommunitaristen, die eine Rückbesinnung auf das Gemeinwesen, eine Renaissance der Gemeinschaftswerte verlangen. Und in Deutschland und Österreich treten selbst prononciert konservative Autoren wie Frank Schirrmacher auf und verlangen eine Rückkehr zu solidarischen Haltungen und wohlfahrtsstaatlicher Gesinnung, ein Gestus, der früher eher für linke als für konservative Kommentatoren typisch war.

Doch das ökonomische System folgt davon unbeeindruckt weiterhin seiner neoliberalen Grundorientierung, in der an die Stelle von Gemeinschaft und Solidarität Leistung und Konkurrenz getreten sind. Längst ist der Neoliberalismus mehr als eine Wirtschaftstheorie mit der dazugehörigen Praxis. Der Neoliberalismus ist ein Gas (Gilles Deleuze). Einem Gas kann man kaum Grenzen setzen. Aus der Ökonomie kommend strömt es ungehindert in alle Diskurse und Praxisfelder der System- und Lebenswelt ein. Neoliberal gedacht und gehandelt wird nicht nur an den Börsen und in den Betrieben. Die neoliberale Logik hat längst auch das Gesundheitswesen, das Bildungssystem, die Familie etc. erfasst. Was Karl Polanyi schon den 1940er Jahren angemerkt hat, ist heute mehr als offensichtlich – die Gesellschaft ist zum Anhängsel des Marktes geworden: „Die Wirtschaft ist nicht mehr in die sozialen Beziehungen eingebettet, sondern die sozialen Beziehungen sind in das Wirtschaftssystem eingebettet." (Polanyi 1978: 88f)

Der verbetriebswirtschaftlichte Individualismus

Der Neoliberalismus beruht auf dem Ideal des freien Besitzindividuums. Demgegenüber gilt der Staat als Träger der Unfreiheit, als tyrannisch und unterdrückerisch. Nie soll er über die Gesellschaft herrschen „und den freien Individuen diktieren, was sie mit ihrem Einkommen machen". (Hall 2011: 657) In der Gedankenwelt des Neoliberalismus wird das Individuum in erster Linie als ein wirtschaftlich handelndes Individuum gedacht, als Unternehmer.

Die gesamte Lebensführung des „unternehmerischen Selbst" (Bröckling 2007) ist am Verhaltensmodell des Entrepreneurs ausgerichtet. Die Werte, die den Entrepreneur treiben, sind betriebswirtschaftliche. Im Zentrum der betriebswirtschaftlichen Lebensführung steht das Prinzip von möglichst viel Output bei möglichst wenig Input. Dem Unternehmer erscheint sein Gegenüber nicht als Partner, sondern in erster Linie als Konkurrent und Mitbewerber. Nur einer kann gewinnen, und damit der eine gewinnen kann, müssen die anderen aus dem Feld geschlagen werden. Doch das „unternehmerische Selbst" verwirklicht sich nicht nur im selbständigen, freien Unternehmertum. Auch der abhängig Beschäftigte wird zum Unternehmer seiner selbst, indem er seine gesamte Lebensführung am Verhaltensmodell des Entrepreneurs ausrichten muss. War der typische Arbeitnehmer der Nachkriegszeit der Massenarbeiter, der in einem übersichtlich gegliederten System auf die Anweisung von Vorgesetzten hin das tat, was verlangt wurde, so ist der typische Arbeitnehmer der Gegenwart der Arbeitskraftunternehmer. Der Arbeitskraftunternehmer wird nicht mehr von Vorgesetzten mobilisiert, er mobilisiert sich selbst. Aber nicht nur das. Er organisiert sich auch selbst und er kontrolliert sich selbst. Seine ganze Lebensführung ist „verbetriebswirtschaftlicht". Er repräsentiert den Typus des betriebswirtschaftlichen Menschen, der entstehen muss, wenn die sozialen Beziehungen in das Wirtschaftssystem eingebettet sind und nicht umgekehrt die Wirtschaft in die sozialen Beziehungen.

Die betriebswirtschaftliche Logik hat das gesamte Denken des Individuums erfasst. Es ist so selbstverständlich geworden, betriebswirtschaftlich zu denken, dass es dem Menschen nicht einmal mehr auffällt, wenn er es tut. Das ganze Denken und Handeln ist auf den instrumentellen Nutzen in einem wirtschaftlichen Sinn ausgerichtet. Jeder Gedanke und jedes Tun muss seine Zweckmäßigkeit an etwas verbürgen, das außerhalb seiner selbst liegt, und das ist entweder ein ökonomischer oder ein machttechnischer Nutzen. „Denken muss an etwas gemessen werden, das nicht Denken ist, an seiner Wirkung auf die Produktion oder seinem Einfluss auf die Gesellschaft." (Horkheimer 2007: 65) Die betriebswirtschaftliche Logik zerrt alles vor den obersten Richter – und dieser ist der Markt. So auch die „heilige" Kunst, „die in jedem Detail an etwas gemessen wird, was keine Kunst ist, ob es sich um die Theaterkasse oder den Propagandawert handelt" (Horkheimer 2007: 65).

Den größten Fehler begeht der Mensch des Neoliberalismus, wenn es ihm um die Sache selbst geht, denn dann ist er nicht nur vom Bankrott bedroht, sondern es wird ihm sogar unterstellt, gegen den Sinn der ewigen Natur des „homo oeconomicus" zu handeln. Der „homo oeconomicus" darf kein Bild mehr malen um des Bildes willen und kein Brot mehr backen um des Brotes willen. Beide, sowohl der Maler als auch der Bäcker, handeln nur dann richtig, wenn sie als Unternehmer handeln, die sich an den Gesetzen des Marktes orientieren.

Gemeinschaft der äußeren Güter

Der schottisch-amerikanische Philosoph Alasdair MacIntyre unterscheidet zwischen „äußeren" und „inhärenten" Gütern. An äußeren Gütern orientiert zu sein, heißt beispielsweise, ein Bild zu malen, um damit reich und berühmt zu werden. MacIntyre unterstellt, dass die Menschen der Gegenwart dazu erzogen werden, sich von äußeren Gütern leiten zu lassen. Der Maler, der das Bild aus Freude und Interesse an der Kunst malt, folgt dem „inhärenten" Gut. Das inhärente Gut kann nur dann erreicht werden, wenn es uns um die Sache selbst geht.

Es ist aber eine zweite Voraussetzung wichtig, um das „inhärente" Gut zu erreichen, und diese besteht in der Ausrichtung des Handelns an der Gemeinschaft. Unter Gemeinschaft ist hier aber nicht die zweckrationale Interessengemeinschaft (Netzwerke zur Akquisition von Sozialkapital) zu verstehen, sondern eine Gemeinschaft, in der die Mitglieder sich den anderen Mitgliedern gegenüber von moralischen Ideen wie Ehrlichkeit und Gerechtigkeit geleitet verhalten.

Zweckrationale Interessensgemeinschaften befördern Betrug und Korruption. Sie können nur unter Kontrolle gehalten werden, wenn sie eine starke Ordnungsmacht, ein übermächtiger

Staat beherrscht. Ohne große Anstrengung erkennt man in der Beschreibung der zweckrationalen Interessengemeinschaft, in der sich alle am äußeren Gut orientieren, das Ideal der neoliberalen Gesellschaft. In ihr regiert das betriebswirtschaftliche Denken, das Gewinn-, Konkurrenz- und Leistungsdenken. Ein jeder ist des anderen Gegner, ganz nach Thomas Hobbes' Beschreibung des Urzustandes der Menschheit, einer Zeit, in der der Mensch des Menschen Wolf („homo homini lupus") war. Was es bedeutet, wenn in einer neoliberalen Marktgesellschaft der Krieg jeder gegen jeden herrscht, und wie er geführt wird, beschreibt der frühere Finanzmanager Greg Smith in seinem Kommentar „Why I am leaving Goldman Sachs" in der *New York Times*. Die Akteure werden von einem egozentrischen Nutzenkonzept getrieben. Der Kunde ist nur mehr das Mittel zum Zweck des eigenen Erfolges, dem alles aufgeschwatzt wird, was der Firma nutzt. Die Interessen des Kunden sind sekundär. In der Welt des Finanzmanagements herrscht anstelle einer Kultur der Verantwortung eine Kultur des amoralischen *anything goes*. Anstelle der Ethik des traditionellen Kaufmanns ist die kriminelle Energie des gewissenlosen Finanzjongleurs getreten. In den Worten von Greg Smith (2012): „Today, if you make enough money for the firm (and are not currently an ax murderer) you will be promoted into a position of influence."

Von der Disziplinar- zur Kontrollgesellschaft

Der Neoliberalismus propagiert den Hobbes'schen Urzustand, das mitleidslose „Jeder-gegen-Jeden". Und der alles überragende, allmächtige Staat garantiert, dass die Regeln auf dem ökonomischen Schlachtfeld eingehalten werden und das Schlachtfeld selbst durch laufende Akquisitionen kontinuierlich erweitert wird (vergleiche hier auch diverse Computerspiele wie *Siedler*,

World of Warcraft etc., die das ökonomische Denken und sein expansives, koloniales Prinzip abbilden und spielerisch transportieren). Das neoliberale Denken argumentiert gerne mit der Freiheit des Menschen, diese Freiheit gilt aber primär im ökonomischen Feld. Alle anderen Bereiche des menschlichen Lebens werden in ihrer Freiheit eingeschränkt und kontrolliert, sofern ihre Kultur sich nicht der ökonomischen Rationalität unterordnet. So wird die Freiheit der Wissenschaft der ökonomischen Rationalität untergeordnet, indem nicht-ökonomische Diskurse an den Universitäten ausgegrenzt, die Universitäten verschult, d. h. im Sinne der Konkurrenzkultur des kapitalistischen Unternehmens umgestaltet und damit die Studierenden in eine Lernkultur integriert werden, die sie zu brauchbaren, unterordnungsbereiten Mitarbeitern für ihre späteren Arbeitgeber formt, und die Entscheidungsverhältnisse durch Drittmittelforschung und Privatbeteiligungen an den Universitäten selbst zugunsten der Wirtschaft verschoben werden.

Gleichzeitig verwandelt sich die Form staatlicher Herrschaft und Machtausübung grundsätzlich. An die Stelle der Disziplinargesellschaft des 18. und 19. Jahrhunderts, die die Menschen in Einschließungsmilieus zwang (Fabrik, Klinik, Schule, Familie etc.) und dort beherrschte, tritt die Kontrollgesellschaft mit ihren Kontrollformen mit freiheitlichem Aussehen. Im Gegensatz zur Disziplinargesellschaft setzt die Kontrollgesellschaft nicht auf Fremdzwänge, sondern auf den – viel effektiveren – Selbstzwang. Die Aktivierung von Selbststeuerungspotentialen tritt an die Stelle von Überwachen und Strafen (vgl. Deleuze 1993).

Das Individuum verwirklicht sich nun in der Arbeit selbst. Die arbeitszentrierte Gesellschaft entsteht, in der alle anderen Lebensbereiche um die Arbeit herum gruppiert und gestaltet, ihr nachgeordnet werden. Die Lebenswelt wird zum Anhängsel der Arbeitswelt. Freundschafts-, Beziehungs- und

Familienverhältnisse werden arbeitskompatibel gemacht. Nun genügt es nicht mehr, dass der Arbeitnehmer seine Arbeit einfach erledigt, er muss sie auch gerne tun. Um dies zu gewährleisten, entsteht ein breites und vielfältiges Angebot an Motivationstechniken, die den Mitarbeiter in einen frohen Knecht des Arbeitsverhältnisses verwandeln helfen.

Die Motivationstechniken sind erfolgreich und werden von den Menschen inkorporiert. Dies führt dazu, dass Arbeitnehmer, die ihre Arbeit sorgsam, aber freudlos verrichten, zudem unter moralischen Druck ihres eigenen grausamen Über-Ichs geraten, weil sie sie nicht gerne tun.

Das freie Individuum des Neoliberalismus gerät hier unter die Herrschaft einer moralisierenden Toleranz, wie sie von Slavoij Žižek beschrieben wird (vgl. Žižek 2011). Früher, unter disziplinargesellschaftlichen Verhältnissen, wurden klare Befehle gegeben und deren umgehende Ausführung erwartet. Ob der Adressat den Befehl gerne oder mit Freude befolgte, stand nicht zur Diskussion. Heute wird der Adressat zudem noch moralisch erpresst, den Befehl auch noch mit Freude auszuführen. Und warum das alles? Weil die motivierte und mit Freude tätige Arbeitskraft als Produktivkraft erkannt wurde. Und so ist der bisher doppelt freie Lohnempfänger mit einem Male dreifach frei. Er ist aus traditionellen Solidarbeziehungen freigesetzt, frei von Produktions- und Arbeitsmitteln und befreit von der freien Verfügungsgewalt über seine emotionale Befindlichkeit.

Das Diktat der Selbstverwirklichung und seine psychischen Folgen

Der Mensch unserer Zeit ist zur Freiheit verdammt, weil sie die ökonomisch produktivste Existenzweise ist. Mehr denn je erscheint sie ihm als Last. Tagtäglich muss er, bis zur totalen Erschöpfung, von ihr Gebrauch machen. Das Gefühl, immer mehr alleine zu stehen und für ein ganzes Leben selbst verantwortlich zu sein, wird vielfach als erdrückend wahrgenommen. Die Menschen stehen unter permanentem Druck, aus eigener Verantwortung heraus handeln und gestalten zu müssen. In den Unternehmen werden ihnen Ziele gesetzt. Die Art und Weise, diese zu erreichen, stellt man ihnen frei. Aus dem Nichts heraus, ohne Anhaltspunkte und Hilfestellung, müssen Lösungsstrategien erarbeitet werden. Kreativität heißt das Schlüsselwort, das man den Verzweifelten an den Kopf wirft: „Versuchen Sie doch, kreativ zu sein." Managementberater bieten Seminare für Kreativtechniken an. Kreativität kann man lernen, sagen sie. Die Teilnehmer verlassen die Lehreinheiten genauso ratlos und verzweifelt, wie sie es davor waren.

Burn-out heißt die Erkrankung unserer Zeit, nur ein anderes Wort für Depression. Depression ist die Krankheit einer Zeit, deren Verhaltensnormen nicht mehr auf Schuld und Disziplin gründen, sondern auf Verantwortung und Initiative, meint Alain Ehrenberg (2008). Wurde gestern angepasstes Verhalten verlangt, so wird heute Initiative und mentale Stärke gefordert. Immer größer wird die Gruppe vor allem unter den jungen Menschen, die sich mehr Vorgaben und Hilfestellung und weniger die permanente Anrufung ihrer Kreativität und Fähigkeit zur Eigenmotivation wünschen.

Demokratie und Staat: passive Bürger und jämmerliche Politik

Die erschöpfte Masse kommt ausgepowert aus dem Job. Was sie dann will, ist Unterhaltung und ganz sicher keinen politischen

Diskurs. In der Arbeit permanent in die Verantwortungsrolle gedrängt, gibt man die Verantwortung für den Staat gerne in die professionellen Hände der Politik. Doch leider findet sich in der Politik wenig Professionalität.

Die Jungen sind in erster Linie einer Politik zugänglich, die schön verpackt ist. Zuerst kommen Personen und ästhetische Formen, danach erst Inhalte und Programme. Die Bildmedien haben sie zu Augenmenschen erzogen, zu Menschen, die mit den Augen denken, zu Menschen, die nicht überzeugt, sondern verführt werden wollen.

Zuerst fällt das Augenmerk der Augenmenschen immer auf Personen. Politik wird so als eine Ansammlung von konkurrierenden Individuen wahrgenommen und nicht als ein Feld von unterschiedlichen Ideen, Programmatiken und Problemlösungsvorschlägen. Angeleitet vom Boulevard erscheint der Politiker in erster Linie als Privatperson (Familienmensch, Büchermensch, Freizeitsportler, Musikliebhaber, Modemensch, Sozialbetrüger, Finanzjongleur, Bankrotteur etc.), nur selten als Vertreter von politischen Ideen und Interessen.

Der Boulevard verwandelt die politische Welt der allgemeinen und gegensätzlichen Interessen in eine von Gefühlen und Stimmungen bewegte Personality-Show. Der Gebrauchswert einer solchen Politik ist für das Wahlvolk nicht mehr erkennbar, da sie ihn nicht mehr hat (vgl. Haug 2008). Vielmehr ist sie eine weitgehend leere aufgeblasene Hülle aus mehr oder weniger schönem Schein, ein ästhetisches Ereignis, vergleichbar den Waren im Supermarkt, deren Verpackung auch dazu da ist, mehr zu versprechen, als der Inhalt bietet, oder die gar dazu da ist, davon abzulenken, dass der Inhalt weitgehend nichts davon halten kann, was versprochen wird. Die Politik und der Supermarkt funktionieren weitgehend nach demselben Prinzip. Sie sind nicht mehr und nicht weniger als warenästhetische Ereignisse.

Gegenüber den politischen Parteien befindet sich die Bevölkerung in der Position eines ständig tagenden Untersuchungsausschusses. Grundlage dieser Haltung ist ein grundsätzliches Misstrauen, das für Gesellschaften typisch ist, in denen „der Tauschwert die Werte ersetzt hat" (Martin Heidegger). Das sind Gesellschaften, die vom betriebswirtschaftlichen Denken geprägt sind, in denen „äußere Werte die inhärenten Werte" (MacIntyre) nach und nach verdrängt haben. Weil sich die Menschen in solchen Gesellschaften keine an moralischen Ideen orientierte Lebensführung erlauben dürfen, trauen sie eine solche Lebensführung, und das mit gutem Recht, auch den PolitikerInnen nicht mehr zu. Das Wahlvolk lebt in der täglichen Erwartung des unterhaltsamen Sturzes eines Politikers, auf den es moralische Standards projiziert, nach denen es selbst nicht zu leben im Stande ist.

Bildung und Ausbildung in einer Welt der äußeren Werte

Was wertvolle Bildung ist, wird heute durch ihren marktwirtschaftlichen Tauschwert bestimmt. Der Überhang an technischem, betriebswirtschaftlichem und naturwissenschaftlichem Wissen geht auf die gewinnbringendere Verwertbarkeit dieser Wissensformen zurück. Im Gegensatz dazu ist Deutungswissen, reflektierendes Wissen und politische Urteilskraft unterrepräsentiert (vgl. Negt 2010). Dieses Wissen hat deshalb geringen Wert, weil es kaum ökonomisch relevante Werte hervorzubringen hilft.

Im Gegenteil, der kritische Geist ist in der Lage, Zweifel an und Distanzierungseffekte von der kapitalistischen Produktionsweise zu produzieren. Es ist nur systemlogisch, dass in einer Gesellschaft, in der im Zuge der neoliberalen Landnahme Bildungseinrichtungen privatisiert werden und der

Einfluss der Wirtschaft auf staatliche Bildungsinstitutionen immer größer wird, Forschung und Lehre im Feld der Humanwissenschaften immer stärker austrocknet, während systemneutrales, kritikfreies technisches Wissen boomt. Die Folge ist, dass eine „halbierte Vernunft" (Oskar Negt) unsere Diskurse und Handlungsweisen prägt, eine Vernunft, die in erster Linie auf technische Rationalisierung und die Vereinfachung von Verfahren gerichtet ist.

Wer die Produktion von Deutungswissen und reflektierendem Wissen unterbindet, der schädigt die Weiterentwicklung und den Bestand der demokratischen Gesellschaft. Betriebswirtschaftliche Rationalität macht für Unternehmen Sinn. Unser großes Problem aber ist, dass die „halbierte Vernunft" über das Ganze herrschen will (vgl. ebd.). Um den Expansionismus der halbierten Vernunft im Sinne der Erhaltung wichtiger Qualitätsmerkmale der Demokratie zu bremsen, ist eine Veränderung der Prioritäten in den Lehrplänen und Curricula unserer Schulen und Universitäten notwendig. Dies bedeutet, dass Schulen und Universitäten nicht mehr länger in erster Linie Informationen vermitteln, sondern auch Menschen erziehen und bilden sollen. Schulen und Universitäten kommt in ihrem Bildungsauftrag vor allem die Aufgabe zu, Bindungsfähigkeit herzustellen, also Menschen dazu zu befähigen, neben ihren individuellen Interessen auch gemeinschaftliche Interessen erkennen und danach handeln zu können (vgl. ebd.).

Eine praktisch wirksame Möglichkeit, die Leistungen der Bildungseinrichtungen für das Gemeinwesen im Sinne der Herausbildung von Gemeinwesenorientierung bei ihren AbsolventInnen zu fördern, wäre es, staatliche Förderungen von der Erfüllung dieses gemeinwesenorientierten Erziehungs- und Bildungsauftrages abhängig zu machen. Im Zuge einer ständigen begleitenden Evaluierung aller Schulen und höheren

Bildungseinrichtungen sollten entsprechende demokratiepolitische Qualitätsstandards sichergestellt werden.

Werte und Wertewandel im Neoliberalismus

In den 1960er Jahren wurde in Europa und den Vereinigten Staaten ein Wandel der Werte in Richtung eines postmaterialistisch dominierten Wertesettings beobachtet (vgl. Inglehart 1995). Pflicht- und Akzeptanzwerte traten zugunsten von Selbstverwirklichungswerten zurück. Mit dieser Entwicklung ging der Verlust der Bedeutung von materiellen Werten einher. Diese wurden durch idealistische Grundhaltungen ersetzt. Unter dem Motto „Ideen zählen mehr als Geld" zog eine postmaterialistische Jugendbewegung gegen die materialistische Nachkriegsgeneration ins Feld. Der Materialismus der 1980er Jahre war alt, der Postmaterialismus jung. Doch in den 1990er Jahren wandelt sich das Bild. Eine neue Jugend wendet sich gegen ihre postmaterialistische alt-1968er Elterngeneration. Das Motto der stillen Revolution lautet: „Wir wollen etwas leisten und wir wollen dafür auch materiell entschädigt werden."

Ab nun kennzeichnen Pragmatismus, Individualismus und kalkulierte Anpassungsbereitschaft die Wertewelt der Jugend. So lautete jedenfalls der Grundtenor vieler Gesellschaftsanalysen. Aber die Sache stellt sich am Ende dann doch nicht so einfach dar. Denn nicht der alte Materialismus trat wieder an die Stelle des postmateriellen Idealismus, vielmehr entstand ein neuer Hyprid aus materiellen und postmateriellen Werten. Helmut Klages bemerkt auf Basis seiner empirischen Forschung, dass der Postmaterialismus nicht einfach den Materialismus ersetzt hat, um dann in der Folge wieder vom Materialismus verdrängt zu werden. Vielmehr gehen seit den 1990er Jahren Materialismus und Postmaterialismus eine Synthese ein (vgl. Klages 1988). Die Vermischung von Materialismus und Postmaterialismus ergibt ein typisches unübersichtliches, ephemeres, flüssiges, widersprüchliches Wertebild. Alles vermischt sich mit allem. Einmal tritt das materialistische, einmal das postmaterialistische Wesen des Menschen hervor. Eindeutigkeit geht verloren, Mehrdeutigkeit und ständiger Wandel treten in den Vordergrund. Vieles, was früher klar war, wird nun widersprüchlich, bis hin zur Paradoxie. Ein Beispiel dafür ist das Optimismus-Pessimismus-Paradoxon (vgl. Deutsche Shell 2006). Es verweist darauf, dass die postmoderne Jugend mit Bezug auf die persönliche Zukunft optimistisch ist, was die Zukunft der Gesellschaft betrifft, ist sie hingegen eher pessimistisch. Das persönliche Schicksal erscheint also als vom Schicksal der Gesellschaft entkoppelt. Oder, um ein weiteres Beispiel zu nennen, die institutionelle Religion verliert an Bedeutung und Ansehen, gleichzeitig bilden sich aber individualisierte Formen einer außerinstitutionellen Spiritualität heraus. Ähnlich in der Politik.

Die Parteien werden von den Menschen, vor allem von den jungen, gemieden, aber es bilden sich außerparlamentarische Bewegungen wie der arabische Frühling oder Occupy Wallstreet, die allerdings genauso flüchtig sind wie die Charaktermasken und Identitätsbilder des postmodernen Menschen. Kaum sind sie da, sind sie schon wieder weg, um bald danach wieder in völlig anderer Form wiederzukehren. Die Postmoderne verändert alles, indem sie aus alten Eindeutigkeiten neue Vieldeutigkeiten macht. Wo früher Klarheit herrschte, ist nun alles diffus. Wo einmal die Orientierung an Traditionen Sicherheit gab, überwiegt heute die Ausrichtung des Handelns an einer unsicheren Zukunft. Überhaupt ist die Zukunft längst zur Zuchtmeisterin der Gegenwart geworden (K. P. Liessmann). Alles Denken und Handeln in der Gegenwart muss seine Zukunftstauglichkeit unter Beweis stellen, muss sich an einem ideologischen Bild der Zukunft ausrichten, hinter dessen Perpektive mehr wirtschaftliche und Machtinteressen als das Interesse an der Wahrheit der Prognose stehen.

Werte kennzeichnen das, was sich einzelne Menschen oder Menschengruppen vom Leben wünschen. Sie sind keine Regeln, sondern Ideen, die die Menschen motivieren sollen, in einer bestimmten Art und Weise zu handeln. Während das Gesetz restriktiv-obligatorisch ist, sind Werte attraktiv-motivierend (vgl. Joas 1997: 288). Werte wollen also nichts erzwingen, sie wollen ein Beispiel geben und überzeugen. Dieses demokratische und offene Werteverständnis kommt oft in Konflikt mit der Praxis von Institutionen, die die von ihnen vertretenen Werte um jeden Preis durchzusetzen versuchen. Beispiele dafür gibt es viele, in unseren kulturellen Breiten genauso wie in der islamischen Welt und in den Ländern des europäischen Ostens. Gegenwärtig ist gerade die orthodoxe Kirche des Ostens im Mittelpunkt der medialen Kritik, weil sie ihre Wertvorstellungen zum Sexualverhalten der Menschen nicht nur damit durchzusetzen sucht, dass sie homosexuellen MitbürgerInnen mit der Hölle droht, sondern sie motiviert ihre gläubige Gefolgschaft auch dazu, öffentliche Auftritte von Schwulen und Lesben mit Gewalt zu stören, und nimmt den Staat in den Dienst für ihre reaktionäre Wertepolitik, indem sie Gesetze und Verordnungen gegen Homosexuelle und ihre Organisationen erwirkt. Wir sehen also, dass Werte prinzipiell weder gut noch böse sind. Sie können für dieses und jenes stehen und am Ende kommt es darauf an, wie man sie einsetzt und benutzt. Werden sie nicht als eine von vielen Handlungsmaximen, unter denen der Mensch frei wählen kann, gehandhabt, dann verwandeln sie sich, ehe man es sich versieht, in ein tyrannisches Instrument einer die Würde des Menschen verachtenden totalitären Herrschaft.

KULTUR UND BILDUNG
IM KONKURRENZGETÜMMEL

ÜBER HUMBOLDT, SOKRATES UND PISA-PÄDAGOGIK

In seiner Langzeitstudie zum Thema „Gruppenbezogene Menschenfeindlichkeit" (Rassismus, Antisemitismus, Fremdenfeindlichkeit, Homophobie, Sexismus) spricht Wilhelm Heitmeyer vom Übergang von einem marktwirtschaftlichen zu einem marktgesellschaftlichen Regime (vgl. Heitmeyer 2007). Damit ist gemeint, dass sich die Imperative des Marktes gesellschaftlich verallgemeinern, während sie früher nur in einem abgegrenzten Bereich, eben dem Markt, das Verhältnis zwischen Angebot und Nachfrage gestalteten. Die Imperative des Marktes, die nun zu allgemeinen Gradmessern menschlichen Denkens und Handelns werden, sind im Kern Effizienz, Nützlichkeit, Verwertbarkeit, Funktionsfähigkeit und Rentabilität (vgl. ebd.). Richtete sich früher lediglich das Marktgeschehen nach diesen Kriterien, d. h. Warenproduktion und Warenaustausch, so wird heute nahezu das gesamte Leben von ihnen beherrscht. Immer wieder werden neue Teile der menschlichen Lebenswelt in den Markt hineingezogen, in Waren verwandelt oder zumindest beurteilt, als hätten sie Warencharakter. Heitmeyer führt hier viele Beispiele an. Ein besonders aktuelles und auch eindrucksvolles ist wohl die Veränderung der Qualität sozialer Sicherungssysteme. So werden immer größere Teile der Alters- und Daseinsvorsorge aus dem staatlichen Verantwortungsbereich ausgelagert und dem Markt überantwortet. In der öffentlichen Diskussion ist dieser Prozess mit dem Begriff der Eigenvorsorge gekennzeichnet.

Wie der Markt mit der Daseinsvorsorge der Menschen umgeht, zeigt der amerikanische kommunitaristische Philosoph Michael J. Sandel in seinem Buch „Was man für Geld nicht kaufen kann. Die moralischen Grenzen des Marktes". Er beschreibt, wie amerikanische Versicherungsgesellschaften die Lebensversicherungen ihrer Kunden bündeln und als riskante Finanzprodukte an die Börse bringen oder wie Unternehmen für ihre MitarbeiterInnen Lebensversicherungen abschließen und damit nichts anderes tun als auf die Lebenserwartung ihrer MitarbeiterInnen Wetten abzuschließen. Was ist der gravierende Unterschied zu früher? Früher schlossen die Menschen auf ihr eigenes Leben eine Wette mit einem Versicherungsunternehmen ab, heute tun das Dritte, z. B. der Arbeitgeber, um vom frühen Tod seiner Angestellten zu profitieren. Für Sandel ein klarer Fall, durch den die moralischen Grenzen des Marktes überschritten werden.

Neben der Vermarktwirtschaftlichung der sozialen Sicherungssysteme lassen sich noch andere Beispiele für den Wandel von der Marktwirtschaft zur Marktgesellschaft anführen. Ein nicht unwesentliches Beispiel ist die Unterordnung des Familienlebens und der Schule unter die Anforderungen des Marktes. Immer mehr Funktionen der Familie werden in den Markt ausgelagert. Die Erwerbsarbeit hat einen höheren moralischen, ideellen und materiellen Wert als die Familienarbeit.

Der Mensch und die staatlichen Institutionen haben sich nach den Märkten zu richten und nicht umgekehrt. Damit ist der Markt vom Mittel zum Zweck geworden. Er und seine Imperative sind der Gradmesser menschlichen Handelns und Denkens, nicht Werte der Menschlichkeit und Gemeinschaftlichkeit. Sie werden bestenfalls noch in Sonntagsreden beschworen und sind damit reine Ideologie ohne Bezug zum Handeln der RednerInnen und der Institutionen, für die diese stehen. Schon in den 1980er Jahren hat Peter Sloterdijk in seinem berühmten Buch „Kritik der zynischen Vernunft" das Auseinanderfallen von Diskurs und Handeln als das Signum unserer Zeit beschrieben. Wir müssen also davon ausgehen, dass Sprachhandlungen heute wenig Verbindlichkeit haben. Sprechen und Handeln lösen sich voneinander ab, weil der Zusammenhang zwischen dem, was einer redet, und dem, was einer tut, in einer unübersichtlichen Gesellschaft wie der unseren nicht mehr nachvollziehbar ist. „Was einer redet und einer tut, ist in der Unübersichtlichkeit der Verhältnisse, in denen das Gedächtnis durch die Eindrücklichkeit der Augenblicke ersetzt zu werden droht, schwer auf Kongruenz zu prüfen. (...) Auf das politische Reden, auf das öffentliche Wort wird nicht mehr viel gegeben, es sei denn, die Sache ist klar und es wird nicht mehr erwartet als eine Rede, die sich bei dieser Gelegenheit einmal hören lassen kann." (Meyer 1994: 167f.)

Ökonomisierung am Beispiel von Kultur und Bildung

Was Vermarktgesellschaftung und Ökonomisierung in der Praxis bedeuten, das zeigt der Umgang mit Kunst und Kultur in unserer Gegenwart. Die Theorie zur Herabstufung der Kunst auf das Niveau einer Handelsware liefern die Autoren des Buches „Der Kulturinfarkt. Von allem zu viel und überall das Gleiche". Interessant ist, dass gerade in der Rezension der *Frankfurter Allgemeinen Zeitung* mit Blick auf dieses Buch „die Verwüstung, die marktorientiertes Denken in der Sprache anrichtet" kritisiert wurde. Daran zeigt sich einmal mehr, dass es vor allem konservative und kommunitaristische Gruppen und Denker sind, die sich gegen die Verallmächtigung und Verallgemeinerung des Kapitalismus zur Wehr setzen, wie zum Beispiel auch der amerikanische Philosoph Michael J. Sandel, der mit seinem Buch „Was man für Geld nicht kaufen kann" als einer der Wenigen eine Debatte über die moralischen Grenzen des Marktes zu initiieren versucht. Ganz im Gegensatz dazu ist das Schweigen vor allem der europäischen Sozialdemokratie kaum zu überhören, wenn es um dieses Thema geht. Die Frage, die sich hier stellt, ist: Stehen sie tatsächlich in Theorie und Praxis auf der Seite des Neoliberalismus oder haben sie lediglich die reflexive Kompetenz verloren, um sich kritisch mit der Ökonomisierung des gesellschaftlichen Lebens auseinanderzusetzen?

Was aber sind nun die Argumente der marktliberalen Kunsttheoretiker? Im Kern geht es darum, dass die Kunst, schon bevor sie zur kreativen Aktion schreitet, an die Marktchancen ihrer „Produkte" denken und dementsprechend markt- und zielgruppenorientiert produzieren soll. Ein Unternehmer-Künstler wird gefordert, der an nach Marktgesichtspunkten reformierten Kunstakademien ausgebildet werden soll. Der neue, zeitgemäße Künstler muss sich als Unternehmer begreifen, der für ein spezifisches Marktsegment, für eine spezielle Zielgruppe produziert. „Der Künstler soll endlich einsehen, dass auch er nur ein Unternehmer ist, der sich den Gesetzen des Marktes zu beugen und nach Nachfrage zu produzieren hat; er soll nicht die Frechheit besitzen, außerhalb der kommerzialisierten Alltagswelt seltsame Sachen wie Theorien oder Konzeptkunst herzustellen." (*FAZ* vom 15. März 2012)

Wenn wir die Forderungen der Autoren des oben angeführten Buches zu Ende denken, dann sehen wir, dass die Kunst, indem man sie auf die Imperative des Marktes verpflichtet, ihre Unabhängigkeit und Freiheit verliert. Sie ist nicht mehr

Selbstzweck, hat keinen Eigenwert mehr, sondern ist nur mehr ein Mittel zum Zweck, und dieser Zweck liegt außerhalb ihrer selbst in den Märkten. Damit wird die Kunst instrumentalisiert, für etwas in den Dienst genommen, was nicht zu ihrem Wesen gehört, für die Tauschwertproduktion auf den kommerziellen Märkten. Die Kunstproduktion ist damit nicht mehr ästhetischen Kriterien und der kritischen Reflexion ihrer gesellschaftlichen Umwelt verpflichtet, sondern der Anpassung an die Regeln eines Kunstmarktes, der in erster Linie das Ziel verfolgt, durch den Handel mit Kunstobjekten möglichst hohe Erträge zu erzielen. Was hier nach der Kunst greift, ist eine instrumentelle Vernunft, deren oberste Regel die Verwandlung aller kreativen Hervorbringungen von Künstlern in Waren ist. Bereits in seinem 1947 in den USA publizierten Buch „Zur Kritik der instrumentellen Vernunft" hat Max Horkheimer die Ökonomisierung der Kunst erkannt und ihre Instrumentalisierung für den Profit folgendermaßen beschrieben: „Um zu beweisen, dass er mit Recht gedacht wird, muss jeder Gedanke ein Alibi haben, muss er seine Zweckmäßigkeit verbürgen. (...) Denken muss an etwas gemessen werden, das nicht Denken ist, an seiner Wirkung auf die Produktion oder seinem Einfluss auf das gesellschaftliche Verhalten: Wie die Kunst heute letzten Endes in jedem Detail an etwas gemessen wird, das keine Kunst ist, ob es sich um die Theaterkasse oder den Propagandawert handelt." (Horkheimer 1967: 65)

Ökonomisierung der Bildung und die halbierte Vernunft

Aber kommen wir zur Bildung zurück. Woran zeigt sich nun der Zugriff der Marktlogik auf Bildungstheorie und Bildungsinstitutionen? Gibt es treffende Beispiele dafür? Natürlich unzählige. Sowohl in Deutschland als auch in Österreich ist das ganze Land zunehmend mit Ausbildungseinrichtungen überzogen worden, die nicht Allgemeinbildung, sondern in hochspezialisierten Ausbildungsgängen fast ausschließlich unmittelbar arbeitsmarktkompatible Fertigkeiten vermitteln, gegen die ja nichts einzuwenden wäre, würden sie im Verbund mit geistes- und kulturwissenschaftlichen Inhalten gelehrt. Zudem wachsen elitäre Bildungseinrichtungen wie Pilze aus dem Boden, an denen die Oberschichten und Teile der aufstiegsorientierten Mittelschichten ihre Kinder für teures Schulgeld für ihre Rolle als zukünftige Wirtschaftseliten trainieren lassen können. Ein besonders faszinierendes Beispiel ist die Katharinenschule in der Hamburger Hafencity, dem Eldorado der neoliberalen Glücksritter und der neureichen, aber kulturlosen Managereliten, wo man zum Preis von 20 Euro und mehr pro Quadratmeter standesgemäß zur Kaltmiete wohnen kann. Die Einfachheit des Denkens dieser Eliten drängt sich uns auf, wenn wir im Werbeprospekt der Schule lesen: „Die Schulkinder genießen ihre Pause auf dem wohl höchsten Pausenhof der Stadt mit spektakulärem Panorama und lernen so eine wichtige unternehmerische Tugend: den Weitblick." (Zitiert nach *FAZ* vom 15. März 2012) Folgt man der Idee der Kausalität zwischen der Höhe des Ausbildungs- und Wohnortes und der unternehmerischen Qualifikation, dann müsste wohl die Unternehmerelite aus den obersten Stockwerken der Wiener, Berliner und Hamburger Sozialbauten kommen. Die Eliten wohnen ja, wie wir wissen, nicht so hoch, sieht man sich beispielsweise ihre Villen im Nobelviertel Hamburgs, Blankenese, an. Die Eigenheime sind da selten höher als zwei Stockwerke. Also keine brauchbare Architektur, um die unternehmerische Tugend des Weitblicks einüben zu können.

In welche Richtung die dominanten bildungspolitischen Konzepte gehen, zeigt auch die Debatte um den Kunstunterricht, die vor einigen Jahren in Hamburg geführt wurde. Die Abschaffung des Kunstunterrichts wurde dort gefordert, weil er keine brauchbaren Kompetenzen für das (Über-)Leben in einer Marktgesellschaft liefern würde. Der Angriff auf den Kunstunterricht konnte letztendlich nur durch eine Argumentationsweise abgewehrt werden, die dem Repertoire der instrumentellen Vernunft entnommen war: Der Kunstunterricht durfte bleiben, weil seine Befürworter glaubwürdig argumentierten, dass das Gehirn beim Kunstunterricht mit komplexen Strukturen umzugehen lerne, was später im Berufsleben helfen würde. Die konservative *FAZ* kommentierte den Vorgang wie folgt: „Die Ökonomisierung des Denkens ist offenbar so weit vorangeschritten, dass auch die Verteidigung des Kunstunterrichts nicht mehr auf einen Common Sense setzen kann, nach dem Beschäftigung mit Kunst nicht begründungsbedürftig, sondern Ziel an sich ist." (ebd.)

Die Hamburger Debatte um den Kunstunterricht ist nur eines der Schlaglichter, die den gegenwärtigen Umgang mit Bildungsinhalten beleuchten. Frei nach dem marktgesellschaftlichen Konzept, nach dem sich alles, was Bestand und Bedeutung haben will, den Imperativen des Marktes beugen muss, wird auch mit Bildungsinhalten umgegangen. Denn nicht immer gingen in den letzten Jahren die Debatten so aus, wie das Hamburger Beispiel zeigte. Mehrheitlich fielen Kunst- und Musikunterricht und generell geisteswissenschaftlich ausgerichtete Fächer einer schleichenden Marginalisierung zum Opfer. Ins Zentrum der schulischen und universitären Bildung traten technische, naturwissenschaftliche und betriebswirtschaftliche Themen. Auch die von PISA geförderte internationale Konkurrenz zwischen den Bildungsstandorten ist an dieser Schwerpunktsetzung ausgerichtet. Gefragt wird nach Lesekompetenz und Fertigkeiten in Mathematik und Naturwissenschaften. Ob jemand ein Instrument spielen kann oder über die Geschichte seines Landes Bescheid weiß, ist nicht mehr von Belang.

Kulturelles Erbe wird vernachlässigt, weil man wohl davon ausgeht, dass es ohnehin verschwinden wird in einer globalen Medienkultur, in der weltweit auf allen Sendern „Dancing Stars", „Saturday Night Fever" und „Wer wird Millionär" läuft.

Aber es geht um mehr als das Wissen um unser historisches Erbe oder um kulturelle Kontinuität, wenn wir die Geisteswissenschaften und die Kunst aus dem Schulunterricht nach und nach verdrängen. Es geht dabei auch um den Verlust der politischen Urteilskraft, eine basale Fähigkeit, um ein aktiver und gestaltender Bürger sein zu können. Denn die Geisteswissenschaften vermitteln Deutungswissen, reflektierendes Wissen und politische Urteilsfähigkeit, nach Oskar Negt die Qualitätsmerkmale einer aufgeklärten demokratischen Gesellschaft. Negt sieht eine Tendenz zur Halbierung der menschlichen Vernunft. Die halbierte Vernunft ist eine betriebswirtschaftlich-naturwissenschaftliche. Sie ist in erster Linie auf technische Rationalisierung und die Vereinfachung von Verfahren gerichtet. Die andere Hälfte der Vernunft, die Reflexionsfähigkeit und Deutungswissen repräsentiert, wird der Ökonomisierung geopfert. Damit hier kein Missverständnis entsteht: Es geht nicht um einen prinzipiellen Einwand gegen betriebswirtschaftliche Rationalität und schon gar nicht darum, die zwei verschiedenen Hälften der Vernunft gegeneinander auszuspielen. Vielmehr geht es darum zu verhindern, dass sich die halbierte Vernunft als bestimmend über das Ganze aufzuschwingen versucht (vgl. Negt 2010).

Ist das Humboldtsche Bildungsideal noch zeitgemäß?

Jeder, der sich heute noch auf Humboldt beruft, gilt als grenzenlos veraltet und verstaubt. Humboldt ist tot, lautet die Botschaft, seine Ideen gehören zu einer bürgerlichen Gesellschaft, deren Bildungsintentionen darauf gerichtet waren, eine schmale Elite im Geiste der Antike an den deutschen Universitäten zu erziehen. In einer (post-)modernen Wissensgesellschaft hat Humboldt keinen Platz mehr.

Trotz der verbreiteten Ablehnung der Bedeutung von Wilhelm von Humboldts Denken für unsere Zeit lohnt es sich doch, noch einmal Nachschau zu halten, welche Vorstellungen Humboldt von Bildung hatte und ob es nicht doch Gedanken in seinem Werk gibt, denen zu folgen auch heute lohnen würde. Für Humboldt besonders wichtig war das Individuum. Mit seinem Bildungskonzept versuchte er, einem idealen Zustand nahezukommen, „in welchem nicht nur jeder Einzelne der ungebundensten Freiheit genießt, sich aus sich selbst, in seiner Eigentümlichkeit, zu entwickeln, sondern in welchem auch die physische Natur keine andre Gestalt von Menschenhänden empfängt, als ihr jeder Einzelne nach dem Maaße seiner Bedürfnisse und seiner Neigung, nur beschränkt durch die Grenzen seiner Kraft und seines Rechts, selbst willkürlich gibt." (Humboldt 1792)

Der große Respekt vor dem Individuum gerade im Kontext von Bildungsbemühungen offenbart sich in diesem Gedanken. Für Humboldt geht es nicht darum, dem Individuum ein Curriculum überzustülpen und es einem systematischen Bildungsdrill zu unterwerfen, um dann am Ende ein möglichst flächendeckend homogenes Humankapital erzeugt zu haben, dessen Kompetenzen sich gut mit standardisierten Bildungstests überprüfen lassen. Ganz im Sinne Adornos scheint in Humboldts Überlegungen das Bemühen erkennbar zu sein, das Besondere gegen das Allgemeine zu verteidigen (vgl. Adorno 1971, Horkheimer/Adorno 1988). Bei Humboldt bilden nicht die Bildungsinstitutionen im Auftrage des Staates das Individuum, sondern das Individuum bildet sich selbst, während es in den Schulen und Universitäten mit den notwendigen technischen und moralischen Fähigkeiten versorgt wird. Und damit kommen wir zum ersten der fünf Ideale Humboldtscher Bildung, dem Ideal der Selbstbildung. Für Humboldt ist Bildung eine Angelegenheit des Individuums. Bildung ist für Humboldt auch Selbstbildung und findet daher nicht nur in den Bildungsinstitutionen statt, ihr Ort ist auch der Alltag, in dem sich Kinder und Jugendliche unabhängig von Erwachsenenkontrolle bewegen können müssen. Um Selbstbildung zu ermöglichen, ist also, wenn wir Humboldt konsequent weiterdenken, dafür zu sorgen, dass vor allem Jugendliche, aber auch Kinder, genug Zeit haben, sich ihre geistige und sozialökologische Umwelt selbsttätig und eigenständig anzueignen. Schließt man die Kindheit und die Jugend den ganzen Tag über in Bildungsinstitutionen ein, so setzt man sie nicht nur den größten Teil ihrer Lebenszeit der Allmacht einer totalen pädagogischen Institution aus, sondern nimmt ihnen auch die Freiheit zur Selbstbildung, deren Voraussetzung es ist, in der unmittelbaren und mittelbaren Lebensumwelt und im Denken, eigene, individuelle Wege gehen zu können.

An das zweite Bildungsideal von Humboldt hat bereits wie erwähnt Oskar Negt angeknüpft, indem er die Dominanz einer halbierten Vernunft problematisierte. Im Gegensatz zu einer die geteilte Vernunft forcierenden Bildungspolitik – vergleiche die Bildungsstandards der Pisa Studie: Lesekompetenz und mathematische und naturwissenschaftliche Kompetenzen – fordert Humboldt die Bildung des ganzen Menschen. Bildung im Humboldtschen Sinn bedeutet nicht nur die Vermittlung von am Arbeitsmarkt verwertbaren technischen Kompetenzen. Die Bildung des ganzen Menschen erfordert auch die Vermittlung von geistes- und kulturwissenschaftlichem Wissen, die Diskussion über moralische Standards und eine Persönlichkeitsbildung, die einen autonomen, reflexiven und selbstbewussten Staatsbürger zum Ziel hat.

Nur die kritische Auseinandersetzung mit der Welt, die nur dann möglich ist, wenn das Individuum über Deutungswissen und politische Urteilsfähigkeit verfügt, ermöglicht es, das dritte Humboldtsche Bildungsideal zu verwirklichen, das Wachstum der Person. Wachstum der Person bedeutet, in Auseinandersetzung mit der Welt sich selbst, aber auch die Welt zu verändern. Hier deutet sich ein Verständnis von Individualität an, das weder auf einen schrankenlosen Voluntarismus der Gesellschaftsveränderung setzt noch das Individuum durch die Postulierung von unhinterfragbaren, allesumfassenden ökonomischen und sozialen Entwicklungsgesetzen demoralisiert und passiviert.

Das vierte Ideal Humboldts betrifft die Steigerung der Individualität. Aber auch hier ist nicht von einem ethisch egozentrischen, auf den eigenen Nutzen ausgerichteten Individuum die Rede, sondern von einem Individuum, das neben seiner Selbstgestaltung auch auf die Herstellung von überindividuellen Verbindlichkeiten ausgerichtet ist. Was Humboldt hier als Bildungsideal formuliert, ist ein humanistisch geprägter Gemeinschaftsgeist, der in unserer Gesellschaft der Gegenwart zur Mangelware zu werden droht.

Das fünfte Bildungsideal betrifft die Entfremdung des Menschen und deren Überwindung. Darunter ist die Ausbildung eines kritischen und praktisch widerständigen Menschen zu sehen, eines Menschen, der ganz im Sinne Hegels Hindernisse als Durchgangsstadium der Entfremdung sieht. Damit gibt Humboldt den wichtigen Hinweis darauf, dass humanistische Ideale nicht in der Natur des Menschen liegen und sich wie von selbst im Zusammenleben der Menschen realisieren. Vielmehr geht es darum, schon jungen Menschen zu vermitteln, dass das Individuum für seine persönlichen, aber auch für gemeinschaftliche moralische Ziele kämpfen muss, dass es nur dann ein Mehr an Humanität in die Welt bringen kann, wenn es die Hindernisse, die sich dem Humanismus naturgemäß entgegenstellen, mit Mut und Konsequenz zu überwinden trachtet (vgl. Hastedt 2012).

Bildung als Widerstand gegen das Aufgedrängte als Bildung für die Demokratie

In Anknüpfung an Immanuel Kants Diktum vom Ausgang des Menschen aus seiner selbstverschuldeten Unmündigkeit (vgl. Kant 1999) fordert Theodor W. Adorno von der Bildung die Erziehung des Menschen zur Mündigkeit. Bildung ist für Adorno das Gegenteil der Anhaltung des Menschen zu blindem und verbissenem Fleiß und zu Gehorsam und Anpassung. Im Gegensatz dazu geht es um die Erziehung des Menschen zur Selbstreflexion und zur kritischen Anstrengung (Adorno 1999: 88ff.). Was den demokratiefähigen Menschen ausmacht, ist seine Fähigkeit zum Widerstand durch eigenes Denken und die Kraft zur Selbstbestimmung und zum Nicht-Mitmachen. Adorno formuliert sein Bildungsideal vor dem Hintergrund des Völkermords an sechs Millionen Juden zur Zeit des Nationalsozialismus.

Das Problem, das Adorno umtreibt, ist die Frage, unter welchen Bedingungen und Umständen Auschwitz hätte verhindert werden können. Er kommt zum Schluss, dass das zentrale Moment zur Verhinderung des Holocaust die Erziehung des Menschen zum mündigen, zum Widerspruch fähigen Menschen gewesen wäre. Er schreibt: „(...) die einzige wirkliche Konkretisierung der Mündigkeit besteht darin, dass die paar Menschen, die dazu gesonnen sind, mit aller Energie darauf hinwirken, dass die Erziehung eine Erziehung zum Widerspruch und zum Widerstand ist." Und weiter: „Die einzige wahrhafte Kraft gegen das Prinzip von Auschwitz wäre Autonomie, wenn ich den Kantischen Ausdruck verwenden darf; die Kraft zur Reflexion, zur Selbstbestimmung, zum Nicht-Mitmachen." (ebd.)

Die amerikanische Philosophin Martha C. Nussbaum weist auf eine „lautlose Krise" (Nussbaum 2012: 15) hin, die die Bildungsarbeit weltweit erfasst hat. Nur was dem Profitstreben unmittelbar nutzt, wird als Bildungsinhalt zugelassen, alles andere, zum Beispiel Fächer, die benötigt werden, um die Demokratie am Leben zu erhalten, werden nach und nach ausgedünnt mit dem Ziel, am Ende völlig aus dem Inhalt des herrschenden Bildungskanons ausgeschieden zu werden. Nussbaum spricht sich im Gegensatz dazu für eine Bildung nach einem umfassenden Vernunftideal aus, das neben naturwissenschaftlichen und technischen auch geisteswissenschaftliche Inhalte berücksichtigt. Wie Osker Negt ist sie der Auffassung, dass Letztere es sind, die einen wesentlichen Beitrag zur Demokratiefähigkeit des Menschen leisten. „Es ist nichts gegen eine gute naturwissenschaftliche und technische Ausbildung einzuwenden (...). Meine Sorge ist vielmehr, dass (...) entscheidende Fähigkeiten in diesem Konkurrenzgetümmel verloren gehen, die unverzichtbar für das gute Funktionieren einer jeden Demokratie sind (...)." (ebd.: 117) Die Quelle dieser Fähigkeiten sind die Geisteswissenschaften, aber auch der Kunstunterricht, also die praktische Ausbildung in Zeichnen, Malen, Musik und Theater, alles Unterrichtsgegenstände, die zusehends aus einem immer fachspezifischer werdenden Kanon der Bildungsinhalte ausgeschieden werden. Bezeichnenderweise spielen diese im PISA-Testverfahren, das wohl gegenwärtig den größten Einfluss auf die öffentliche Meinung hat, wenn es um Bildung geht, überhaupt keine Rolle. Wo es nur mehr um sinnerfassendes Lesen und Wissen über Mathematik und Physik geht, muss die Allgemeinbildung notgedrungen der Herrschaft der „halbierten Vernunft" weichen. Vielfach machen allerdings Wirtschaftsunternehmen schon heute die Erfahrung, dass die hochspezialisierten AbsolventInnen von fachspezifischen Ausbildungsgängen gerade aufgrund ihres Mangels an Allgemeinbildung das Wachstum und die Produktivität eher hemmen als fördern, einfach deshalb, weil sie aufgrund ihrer eingeschränkten Allgemeinbildung zu keiner Beziehungskommunikation mit kulturell anspruchsvollen Kunden (ja, solche gibt es noch) fähig sind und zudem wegen ihrer mangelnden Fähigkeit zur Entwicklung von eigenständigen und kreativen Ideen auch nicht in der Lage sind, Innovationsimpulse ins Unternehmen einzubringen. „Diese Fähigkeiten erwachsen aus den Geisteswissenschaften und den Künsten; die Fähigkeit zum kritischen Denken, die Fähigkeit, über lokale Bindungen hinaus zu denken und die Probleme der Welt als ‚Weltbürger' anzugehen; und schließlich die Fähigkeit, sich in die Notlage eines anderen Menschen zu versetzen." (ebd.: 132)

Interessant an Nussbaums Text ist, dass sie nicht mit dem Konstatieren einer problematischen Bildungsrealität endet, sondern sich um konkrete Lösungsvorschläge bemüht. So verweist sie auf das in den USA existierende Studienmodell der „Liberal Arts", eine vier Semester dauernde Grundausbildung, bei der die Geisteswissenschaften die Hauptrolle spielen. Die „Liberal Arts" sind ein Bündel der unterschiedlichsten Bildungsinhalte, von der Naturwissenschaft über die Sozialwissenschaft bis hin zur Geisteswissenschaft, mittels dessen das vermittelt wird, was in unseren Breiten immer mehr zur Mangelware wird – Allgemeinbildung. Warum ist einem Teil der Amerikaner diese Allgemeinbildung so wichtig? Weil sie, wie auch Nussbaum, der Überzeugung sind, dass nur der allgemein gebildete Mensch zu einem selbständig denkenden und empathiefähigen demokratischen Bürger werden kann (vgl. Nussbaum 2012).

Aber es geht Nussbaum nicht nur um die Kritik der Bildungsinhalte in einem allein auf Profit und Wirtschaftswachstum gerichteten Bildungssystem, es geht ihr auch darum, in welcher Form diese Inhalte vermittelt werden. Und hier bricht sie eine Lanze für das „aktive Lernen" (ebd.: 139), das sie sich in der Form der „sokratischen Pädagogik" vorstellt. Die „sokratische Pädagogik" stellt die Fähigkeit des Argumentierens in den Mittelpunkt der Bildung, genau wie es Sokrates in den platonischen Dialogen und Gesprächen mit seinen Schülern zeigt. Den Schülern wird nicht unhinterfragbares Wissen vorgesetzt, das diese zu lernen und später mechanisch wiederzugeben haben. Bei Sokrates lernen die Schüler im Gespräch, indem sie versuchen, für diskursiv aufgeworfene Fragen und Problemstellungen Antworten und Lösungen zu finden. Und es ist durchaus erwünscht, dass sie sich auch kritisch zu den Auffassungen und Positionen des Lehrers Sokrates äußern und am Ende aufgrund eigenständiger geistiger Anstrengung zur Erkenntnis gelangen. Was Sokrates den Schülern beibringt, ist analytisches Denken und das Argumentieren der durch dieses Denken gewonnenen Erkenntnisse. Damit steht die „sokratische Pädagogik" im diametralen Gegensatz zu PISA-Pädagogik und Zentralmatura/abitur, die nicht die freie Entfaltung des Individuums und dessen umfassende Bildung fördern, sondern auf die Erzeugung von landesweit einheitlichem „Humankapital" ausgerichtet sind, dessen Güte in standardisierten Testverfahren kontrolliert wird.

Die Bildung wird heute systematisch den Interessen der Wirtschaft untergeordnet. Den Menschen wird vermittelt, dass es dazu keine Alternative gibt. Eine humanistische Pädagogik hätte die Aufgabe, den jungen Menschen aufzuzeigen, dass diese Argumentationen lediglich die Interessen einer bestimmten

Gruppe der Gesellschaft, der Reichen und Mächtigen, widerspiegeln. Darüber hinaus käme ihr die Aufgabe zu, das Denken wieder frei zu machen für alternative Lebensentwürfe und Politikkonzeptionen. Widerstand ist angesagt gegen die sich ausbreitende geistige Monokultur und bildungspolitische Uniformität, die nun auch noch dadurch auf die Spitze getrieben werden sollen, dass Kinder und Jugendliche obligatorisch in ganztägige Zwangsanstalten eingewiesen werden. Sollte dieses System kommen, dann wird die Zeit für die Selbstbildung außerhalb der Institutionen ebenso auf ein Minimum reduziert werden wie die für die Persönlichkeitsentwicklung wichtige selbsttätige Aneignung des sozioökologischen Nahraums ohne pädagogische oder Elternkontrolle.

Schule und Universitäten haben die Aufgaben, mündige BürgerInnen zu erziehen, die es schaffen, „sich ihres Verstandes ohne Leitung eines anderen zu bedienen" (Kant 1999: 20), die zur Empathie gegenüber Menschen aus anderen Kulturen und sozial schwachen und benachteiligten Menschen fähig sind und die widersprechen und Widerstand leisten, wenn sie erkennen, dass Menschenrechte und Demokratie mit Füßen getreten werden. Auch die Allgemeine Erklärung der Menschenrechte aus dem Jahre 1948 orientiert sich an einem solchen „emanzipatorischen" Bildungsideal. Man liest dort: „Die Bildung muss auf die volle Entfaltung der menschlichen Persönlichkeit und auf die Stärkung der Achtung vor den Menschenrechten und Grundfreiheiten gerichtet sein. Sie muss zu Verständnis, Toleranz und Freundschaft zwischen allen Nationen und allen rassischen oder religiösen Gruppen beitragen." Davon, dass Bildung in erster Linie für die Profitinteressen der Wirtschaft brauchbares Humankapital hervorbringen soll, ist dort nichts zu lesen.

KEINE MISSION, KEINE VISION, KEINE REVOLUTION?

DIE POSTMODERNE JUGEND ZWISCHEN PRAGMATISMUS UND IDEALISMUS

„Die Jugend gibt es nicht", das ist wohl eine soziologische Binsenweisheit, dennoch muss sie immer wieder ausgesprochen werden, da nach wie vor in den Medien, aber auch in sozialwissenschaftlichen Forschungsberichten, ein Jugendbild vermittelt wird, das Homogenität suggeriert, wo doch in Wirklichkeit kulturelle Differenzen und soziale Widersprüche die Jugend in ungleiche, wenn nicht sogar antagonistische Teilgruppen scheiden.

Vor allem eine weitgehend theorielos arbeitende quantitativ-empirische Sozialforschung, die glaubt, die Rätsel der sozialen Welt ließen sich durch die Anwendung von simplen Rechenoperationen lösen, aggregiert ohne Sinn und Verstand Daten und produziert Artefakte am laufenden Band, die sie dann für Modelle der Wirklichkeit ausgibt. So wird in Gruppen zusammengeführt, was nicht zusammengehört, und es entstehen lediglich schöne Fassaden, die naturgemäß mehr verschleiern als sie enthüllen. Analytische Einblicke in die Lebenswelt der jungen Menschen unserer Zeit liefern die Mathematiker und Hochrechner der Jugendforschung jedenfalls nicht. Im Gegenteil. Ihre Studien sind häufig im hohen Maße ideologisch und offenbaren wenig darüber, was die Jugend wirklich will, und viel darüber, wie die Politik und die Mächtigen der Wirtschaft die Jugend gerne hätten. Was in den großen quantitativen Analysen der Meinungsforschung unserer Tage verloren geht, ist die subjektive Perspektive der Menschen, die, folgt man Alfred Schütz, die einzige hinreichende Garantie dafür ist, „dass die soziale Wirklichkeit nicht durch eine fiktive, nicht existierende Welt ersetzt wird, die irgendein wissenschaftlicher Beobachter konstruiert hat" (Schütz nach Honer 2011: 27).

Differenzen, Widersprüche und Abkoppelung

Durch die Jugend verläuft nicht ein Riss, sondern wir finden gleich mehrere Risse. Um einen Bildvergleich zu bemühen, die Jugend ist wie eine Fensterscheibe, die nach dem Aufprall eines Steines nicht vollkommen zersplittert ist, aber nur mehr eine höchst fragile, von Sprüngen durchzogene Einheit bildet. Wir können also noch Gemeinsamkeiten entdecken, wenn wir die Altersgruppe der unter Dreißigjährigen betrachten, doch immer dominanter werden die Gegensätze, und auch ein Auseinanderbrechen der Jugendpopulation in völlig unvermittelte Teilgruppen ist nicht mehr auszuschließen.

Ein nicht unbeträchtlicher Teil der Jugend ist bereits dermaßen nachhaltig vom Mainstream abgekoppelt, dass es wohl mehr als eine Generation dauern würde, wollte man diese Gruppe wieder in die Gesellschaft eingliedern. Aber es fehlt den politischen Parteien ohnehin der Wille dazu, das an die 10 Prozent umfassende juvenile Prekariat wieder in die Normalität zurückzuholen (vgl. Calmbach u. a. 2012). Es ist wohl ein typischer Charakterzug des modernen politischen Pragmatismus, der relativ ideologiefrei, mit ruhiger Hand und mit Augenmaß die Regierungsgeschäfte betreibt, indem er Entscheidungen in erster Linie nach den Maßgaben der betriebswirtschaftlichen Vernunft trifft. Diese „coole" Form der Vernünftigkeit evoziert einen politischen Umgang mit den Prekären, der der kostengünstigsten Variante der Alimentierung der Hoffnungslosigkeit auf niedrigstem Niveau bei gleichzeitig exzessiver Kontrolle durch Sozialämter und Polizei gegenüber einer kostenintensiven Reintegration den Vorrang gibt. Die Situation, in der sich diese jungen Menschen befinden, beschreibt eine Formulierung von Jeremy Rifkin treffend, die Oskar Negt in einem Text, in dem er sich mit der Verbetriebswissenschaftlichung der Vernunft im Spätkapitalismus auseinandersetzt, paraphrasiert. „Es ist schlimm, wenn Menschen ausgebeutet werden, aber noch schlimmer ist es, wenn sie noch nicht einmal mehr für Ausbeutung benötigt werden." (Negt 2010: 195) Eine Gruppe, deren Arbeitskraft für das Verwertungsinteresse des Kapitals irrelevant geworden ist, ist am untersten Ende der sozialen und Statushierarchie angelangt. Tiefer kann niemand sinken.

Wir haben also nun schon einen wesentlichen differenzierenden Sprung oder Bruch identifiziert, der es unmöglich erscheinen lässt, von einer homogenen Jugendpopulation zu sprechen. Dieser Bruch ist ein vordergründig sozialer, der aber naturgemäß kulturelle Differenzierungen nach sich zieht. Das heißt, die Prekären schaffen sich einen eigenen, ihrer sozialen Lage angepassten kulturellen Raum mit spezifischen Denk- und Sprechweisen und typischen alltagsästhetischen Formen (vgl. Calmbach u. a. 2012).

Bildungsdifferenzen in der Wissensgesellschaft und ihre Folgen

In einer Wissensgesellschaft hängen soziale Anerkennung, Einkommen und soziale Sicherheit im hohen Maße vom Bildungsniveau der Menschen ab. Dies zeigt sich zum Beispiel an der Möglichkeit für Eltern, ihre Kinder in Bildungsgänge zu bekommen, die diesen zum sozialen Aufstieg verhelfen oder zumindest den drohenden sozialen Abstieg durch Arbeitslosigkeit vermeiden helfen. Die höchste Gefahr, in Arbeitslosigkeit zu geraten, droht Jugendlichen, die lediglich die Pflicht-/Hauptschule absolviert haben, danach folgen die Absolventen einer Lehrausbildung. Im Vergleich dazu wenig von Arbeitslosigkeit bedroht sind AkademikerInnen. So waren im Januar 2012 von den österreichischen Arbeitslosen 46,1 Prozent PflichtschulabsolventInnen, 37,3 Prozent AbsolventInnen einer Lehre und lediglich 3,3 Prozent UniversitätsabsolventInnen (http://www. ams.at/_docs/001_am_bildung_0112.pdf). Kein Wunder also, wenn sich das Gros der Eltern bemüht, ihre Kinder in höheren Schulen unterzubringen.

Die Werteforschung zeigt uns, dass PflichtschülerInnen und Lehrlinge eine materialistische Grundhaltung aufweisen. Für sie zählen zum Beispiel im Beruf in erster Linie materielle Gratifikationen, und Freizeit ist für sie fast ausschließlich Konsumzeit. Hochwertige Konsumartikel werden in dieser Gruppe dazu benutzt, um höhere Statuspositionen zu besetzen und um sich von der Umgebung abzugrenzen. Der Wert des Menschen erscheint auf den Tauschwert der Konsumgüter reduziert, die er sich aneignet und demonstrativ nutzt.

Im Gegensatz dazu neigen vor allem GymnasiastInnen und StudentInnen humanwissenschaftlicher Fächer zu einem postmaterialistischen Verhalten. Zumindest kommunizieren sie der sie umgebenden Öffentlichkeit, dass für sie Ideen mehr zählen als Geld und der Sinn des Lebens eher im gemeinschaftlichen Engagement als im materialistischen Egoismus liegt. Die gegensätzlichen Grundwerte der beiden Gruppen schlagen sich auch in ihrem kulturellen und politischen Verhalten nieder. Findet man die materialistischen jungen Berufstätigen und Auszubildenden eher in Vorstadtdiskotheken wieder, wo sie zu kommerziellen Eurodance-Produktionen à la DJ David Guetta tanzen, so lassen sich Studierende lieber in alternativen Clubs nieder. Wenn es um Politik geht, dann wenden sich bildungsferne Jugendliche überwiegend den neopopulistischen Rechten zu, während die Lieblingsparteien der Studierenden im grünalternativen Spektrum liegen (vgl. Ikrath 2012; Großegger 2011; Heinzlmaier 2010).

Nachdem wir bisher auf soziale und kulturelle Differenzen in der Jugendpopulation abgestellt haben, wollen wir nun versuchen, gesellschaftliche Bedingungen auszumachen, denen alle Jugendlichen und jungen Erwachsenen in gleichem Maße ausgesetzt sind und die am Ende zu klassen-, schicht- und milieuübergreifenden Denk- und Verhaltensweisen führen. In sozialwissenschaftlichen Berichten und Kommentaren ist die Rede vom „Pragmatismus der Jugend" als durchgängiges Leitmotiv. Das Diktum von der „pragmatischen Generation" geht auf die 14. Shell Jugendstudie aus dem Jahr 2002 zurück, die unter der Federführung von Klaus Hurrelmann in Deutschland entstanden ist. Der Pragmatismus des Jahres 2002 war aber noch ein „konstruktiver". Die 15. Shell Jugendstudie, die vier Jahre später durchgeführt wurde, fand nach wie vor eine pragmatische Jugend vor, die ihre Lebensführung an „praktischen Problemen orientiert, die mit persönlichen Wünschen verbunden sind", aber die in der Zwischenzeit weiter verschlechterte wirtschaftliche Lage hatte dazu geführt, dass der konstruktive Pragmatismus der Jugend unter Druck geraten war. Es ist nun schwerer geworden, seinen pragmatischen Lebensentwurf in die Praxis umzusetzen (Hurrelmann 2006: 31). Auch die flexibelsten und anpassungsbereitesten Pragmatiker können nicht mehr davon ausgehen, dass ihrer systemkonformen Handlungspraxis Erfolg beschieden sein wird. Und wenn der Lohn für den Verzicht auf Selbstverwirklichung ausbleibt, wie werden sie dann reagieren, die braven Biederlinge, die coolen Kalkulanten ihres eigenen Vorteils?

Über den Mangel an Urteilskraft und Deutungskompetenz

Um es in eine Metapher zu kleiden: Die Jugend glaubt sich auf einem langfristig dem Untergang geweihten Schiff, auf dem ihr aber noch genügend Zeit bleibt, um das eigene Leben zufriedenstellend über die Runden zu bringen. Oder: Die Welt wird untergehen, aber davor werde ich noch ein gutes Leben haben. Oder: Nach mir die Sintflut.

Anhand dieses Beispiels, der Differenz zwischen gesellschaftlicher und persönlicher Zukunftserwartung, zeigt sich die Bildungskatastrophe unserer Tage, die man mit Oskar Negt wohl als einen Aspekt des „Ungleichgewichts in der Wissensgesellschaft" bezeichnen kann (Negt 2010: 188). Unter dem „Ungleichgewicht in der Wissensgesellschaft" versteht Negt das Übergewicht des technischen, betriebswirtschaftlichen und naturwissenschaftlichen Wissens bei gleichzeitigem Mangel an politischer Urteilskraft und gesellschaftlicher Deutungskompetenz (ebd.: 189). Wie könnte man es anders als als Mangel an Urteilskraft und Deutungskompetenz bezeichnen, wenn die Mehrheit der unter Dreißigjährigen Staat und Gesellschaft den Bach runtergehen sieht und gleichzeitig glaubt, davon unbetroffen ein individuell glückliches Leben führen zu können? Am Werk ist hier ein pragmatischer Individualismus, der wohl aus Unkenntnis und auch aus Zynismus nur mehr sich selbst im Blick hat und das gesellschaftliche Umfeld verzweifelt ausblendet, um von diesem in seinen Bestrebungen nicht irritiert zu werden. Für das Aufkommen und die Ausbreitung dieses pragmatisch-individualistischen Sozialcharakters macht Oskar Negt die Bildungsinstitutionen verantwortlich, die nur noch technisches Wissen, aber keine Bindungsfähigkeit mehr vermitteln. „Es ist bemerkenswert, in welcher Weise das Symbol- und Sprachspektrum dieser ökonomischen Denkweise in Bereiche eingedrungen ist, die doch bisher aufgrund ihrer eigensinnigen Strukturen mit Bedacht von rein betriebswirtschaftlichen Kalkulationen freigehalten wurden. Ich meine die Bildungseinrichtungen, Schulen und Universitäten, in denen ja nicht nur Informationen vermittelt, sondern Menschen erzogen und gebildet werden sollen. Betrachtet man dagegen die Studenten als Kunden, denen, wie in einem Warenhaus, etwas angeboten wird, was sie kaufen können oder auch nicht, dann geht etwas verloren, was wir bisher als den Bildungsauftrag dieser Institutionen angesehen haben. Das bedeutet jedoch mehr als die Umdefinition dieser Institutionen. Es bedeutet die Umdefinition des Lebens, des Überlebenswerten. Unterschlagen wird dabei, dass in schulischen und universitären Sozialisationsprozessen immer auch Bindungsfähigkeit hergestellt werden muss und Kraftreserven für den sorgsamen Umgang mit dem Gemeinwesen geschaffen werden sollten." (Ebd.: 193f.)

Die Ökonomisierung der Bildung, die Verwandlung der Studierenden von Bildungssubjekten in KundInnen und ein ökonomistischer Sprachgebrauch, führt am Ende nicht nur zur Umdefinition der Bildungseinrichtungen, sondern zur Umdefinition des ganzen Lebens. Der pragmatische Individualist wird in den Bildungsinstitutionen herangezogen. Sein Blick ist nur mehr auf das eigene kleine Leben gerichtet, seine Bindungsfähigkeit durch den „abgemagerten Vernunftbegriff" (ebd.: 192) des homo oeconomicus auf Nützlichkeitsbeziehungen reduziert, seine Kraftreserven werden vom Kampf um den eigenen Vorteil vollständig aufgebraucht, so dass ihm ein Engagement für das Gemeinwesen gar nicht möglich wäre, auch wenn es ihm wider Erwarten etwas bedeuten würde.

Blinder und verbissener Fleiß

Für Theodor Adorno ist Erziehung überhaupt nur als kritische Selbstreflexion denkbar (vgl. Adorno 1971: 90) Vor dem Sturz in die Barbarei ist nur der Mensch gefeit, der selbständig denkt und sein eigenes Denken und Handeln kritisch reflektiert.

Adorno sieht den Menschen eingeschlossen in eine verwaltete Welt. Die Klaustrophobie des in einen „durch und durch vergesellschafteten, netzhaft dicht gesponnenen Zusammenhang" eingesperrten Menschen führt zur Wut gegen die Zivilisation, gegen die dieser irrational und gewalttätig aufbegehrt (vgl. ebd.). Aufgabe der Bildung ist es nun, den Menschen davon abzubringen, dass dieser seine aufgestaute Wut gegen Schwache richtet, nicht „ohne Reflexion auf sich selbst nach außen zu schlagen" beginnt (ebd.).

Erziehung des Menschen zur kritischen Selbstreflexion hat keinen Raum mehr in Bildungseinrichtungen, die auf ihre Ausbildungsfunktion reduziert werden, die darauf reduziert sind, in ökonomisch effizienter Weise berufsdienliche Informationen und Fertigkeiten weiterzugeben.

Was bei vielen Jugendlichen und jungen Erwachsenen, vor allem aber bei solchen aus der Gruppe der naturwissenschaftlich-technischen Intelligenz, auffällt, ist ihr kaum ausgeprägter Autonomieanspruch und ihr individualistischer Utilitarismus. Pragmatisch und ohne Zeit für die Reflexion über sich selbst und über größere gesellschaftliche und politische Zusammenhänge zu verschwenden, gehen sie „straight" ihren Weg. Sie machen dort mit, wo sie sich persönlichen Nutzen versprechen. Selbst Vergemeinschaftung orientiert sich am persönlichen

Nutzenkonzept. Man „vernetzt" sich mit jenen, die dem Errei-chen der persönlichen Ziele dienlich sind. Im Fachjargon der Kommunikationsbranche nennt man das etwas salopp „Netz-werken, bis der Arzt kommt".

Jetzt soll gar nicht grob verallgemeinernd behauptet werden, dass die Jugend in den (Aus-)Bildungsinstitutionen zum Ego-ismus und zur Anpassung erzogen wird. Was wir aber konsta-tieren müssen, ist, dass ihnen offensichtlich in den Bildungsin-stitutionen wenig Anleitung zur kritischen Reflexion gegeben wird und der Jugend auch die Freiräume fehlen, in denen sie sich ohne Anleitung anderer ihres eigenen Verstandes bedie-nen kann. Die Kraft zur Reflexion, zur Selbstbestimmung, zum Nicht-Mitmachen kann in den (Aus-)Bildungseinrichtungen weder entdeckt noch entwickelt werden. Anstelle dessen schei-nen unsere Bildungsinstitutionen immer mehr zu Orten des blinden und verbissenen Fleißes zu werden, vor dem Adorno ge-warnt hat. Denn ein solcher Ungeist, der die passive Aneignung von vorgegebenen Inhalten verlangt, „widerspricht der Bildung und der Philosophie, weil er von vornherein definiert wird von der Aneignung eines bereits Vorgegebenen und Gültigen, in der das Subjekt, der Lernende selbst, sein Urteil, seine Erfahrung, das Substrat von Freiheit abwesend sind" (ebd.: 45).

Der Aufruhr der Ausgebildeten, eine Hoffnung für die Zukunft?

Im Dezember 2010 übergießt sich in der tunesischen Kleinstadt Sidi Bouzid der 26-jährige Mohammed Bouazizi mit Benzin und setzt sich in Brand. Er erliegt am 4. Januar seinen Verlet-zungen. Bouazizi, der als fliegender Obsthändler seinen Unter-halt verdient, entzündet sich selbst, weil ihm das Ordnungsamt den Straßenhandel untersagte und seine Wagen konfiszierte.

Mohammed Bouazizi wird zur Symbolfigur des Widerstands gegen das autokratische System von Präsident Ben Ali und in der Folge zum Auslöser einer landesweiten Protestbewegung, die zum Sturz des Präsidenten führt. Der Volksaufstand in Tunesien führt zu einer Kettenreaktion. Er leitete nicht nur den so genannten „Arabischen Frühling" ein, sondern ist auch die Initialzündung für das Entstehen neuer Protestbewegungen in Europa, den USA und Lateinamerika. Selbst in China kommt es zu Protesten.

Die populärste Bewegung, die im Gefolge des Arabischen Frühlings entstand, war „Occupy Wallstreet", der Aufstand der 99 Prozent gegen das politische System Amerikas, in dem „both parties govern in the name of the 1% of americans" (Graeber 2012a: 37).

Ob nun die Indignados, die ihre Zelte in Madrid aufschlugen, die Israelis, die gegen den Wohnungswucher protestierten, oder jene, die im Zuccotti Park in New York campierten, überall waren junge Menschen tonangebend. Für Wolfgang Kraushaar bestand die Gemeinsamkeit des Arabischen Frühlings und der europäischen und amerikanischen Occupy-Bewegung im „Aufbegehren gegen die durch den herrschenden Neoliberalismus erzeugte Perspektivenlosigkeit der Jugend weltweit" (Kraushaar 2012: 204). Und er bringt es weiter auf den Punkt: „Sie sind jung, sie sind qualifiziert, sie sind internetaffin, und sie sind perspektivlos. Es sind nicht nur die Kinder der letzten großen Finanzkrise, es sind die Kinder einer die Gesellschaft bereits seit langem durchdringenden Prekarisierung." (Ebd.: 208)

Aber warum hat die Sozialisation der Aufbegehrenden in Bildungsinstitutionen und bürgerlichen Familien deren Rebellion überhaupt zugelassen? Die meisten von ihnen waren angepasste junge Menschen, solche, wie sie heute an unseren Universitäten und Fachhochschulen aus- und eingehen, mit niedrigen Autonomieansprüchen und mit der großen Bereitschaft, mit blindem und verbissenem Fleiß den Weg zu gehen, den ihnen der enge Rahmen ihrer Studiencurricula vorgaben. Warum brachen sie plötzlich aus? Warum entschlossen sie sich, von angepassten Mitmachern zu rebellischen Nicht-Mitmachern zu werden? Der Hauptgrund dafür liegt wohl darin, dass ihnen der Lohn für Unterordnung, Selbstunterdrückung und Zurückhaltung verweigert wurde. Der pragmatische Individualist passt sich dann an, wenn er dafür persönliche Vorteile realisieren kann. Werden ihm diese Vorteile vorenthalten, steigt er auf die Barrikaden. Wir müssen also davon ausgehen, dass hier nicht, wenn auch mit Ausnahmen, die postmaterialistische, nach Freiheit und Selbstbestimmung gierende Autonomiebewegung auf der Straße war, sondern frustrierte junge Materialisten, denen der Staat durch Versprechungen der Politik im Wort war, aber dieses Wort nicht halten konnte oder wollte. Selbst von den Forderungen der „Aufständischen" nach mehr nichtrepräsentativen Formen der Demokratie darf man sich nicht blenden lassen. Deren Ursprung ist keineswegs in irgendeiner Form idealistisch, denn „die Akteure fühlen sich mit ihren Sorgen und Problemen von einer ernst zu nehmenden Mitsprache am Politischen ausgeschlossen und dringen deshalb auf Modalitäten, die ihnen größere Erfolgsaussichten bei der Verfolgung ihrer Ziele garantieren könnten. Den Protesten liegen insofern ganz überwiegend materielle Interessen und keine postmaterialistischen Motive zugrunde – die Sorge um den Arbeitsplatz, die Gründung einer Familie, der Statuserwerb und die Zukunft insgesamt" (ebd.: 209).

Waren die Proteste also auch nur Mittel zum kleinbürgerlichen Zweck? Ging es den Demonstranten allein um ihre persönlichen Interessen? Wollten sie mit den Protesten lediglich die materielle Belohnung für braves Mitmachen und den kalkulierten Verzicht auf Selbstbestimmung und Freiheit einklagen?

Die ursprüngliche Motivation wird bei der Mehrheit der Protestierenden wohl die Sorge um die persönliche Zukunft, die Angst vor Arbeitslosigkeit, die Wut wegen der verweigerten Anerkennung für ihre Studienabschlüsse und die Hoffnungslosigkeit ihrer Bestrebungen nach einer bürgerliche Familienexistenz gewesen sein. Nachzufragen wäre aber, wie sich die aktive Teilnahme an den Protestbewegungen, wie sich die Erfahrungen, die sie in den Konfrontationen mit der Staatsmacht gemacht haben, auf das Bewusstsein der Protestierenden ausgewirkt hat? Und vor allem, welche Politisierungseffekte haben die Diskussionen mit Gleichgesinnten in den Occupy-Camps nach sich gezogen?

David Graeber beschreibt in seinem Buch „inside Occupy" die Bewusstseinslage der Protestierenden am Beginn der Bewegung ähnlich wie Wolfgang Kraushaar. Er spricht von einer Ansammlung von jungen Menschen, denen man Knüppel zwischen die Beine geworfen hatte, anstatt sie bei der Erreichung ihrer Ziele zu fördern und zu unterstützen. Und ganz ähnlich wie Wolfgang Kraushaar formuliert er: „Sie haben nach den Regeln gespielt und mussten zusehen, wie die Finanzklasse auf alle Regeln pfeifend die Weltwirtschaft mit betrügerischen Spekulationen in den Graben fuhr." (Graeber 2012a: 61) Aber in dieser Formulierung deutet sich schon der Übergang von einem auf die Durchsetzung von persönlichen Interessen gerichteten Motiv auf ein politisches Bewusstsein an, das die politischen und ökonomischen Zusammenhänge reflektiert, die die Misslichkeit der individuellen Lage hervorgerufen haben – und damit ist zumindest die Grundlage dafür geschaffen, dass ein politischer Veränderungswille entsteht, der sich nicht nur die Verbesserung der individuellen Position zum Ziel setzt, sondern der die politischen und ökonomischen Strukturen und Diskurse ins Visier nimmt und längerfristig mehr verändern möchte als bloß die eigene Situation.

Und was bleibt von Occupy?

Die Lager sind geräumt, die Euphorie ist vorbei, die Kommentare aus Wissenschaft und Medien sprechen von einem Scheitern einer Revolution. Die Beantwortung der Frage, ob eine Revolution gescheitert ist oder nicht, hängt aber davon ab, wie man Revolution definiert. Geht es bei einer Revolution nämlich nicht primär darum, den Staatsapparat zu übernehmen, sondern um die weltweite Transformation des politischen Common Sense, wie David Graeber meint, dann kann man nicht mehr so einfach vom Scheitern der Occupy-Bewegung sprechen. Es ist nicht von der Hand zu weisen, dass sich durch die Occupy-Bewegung Auffassungen darüber, worum es in der Politik eigentlich geht, verändert haben. Oder wie Graeber es formuliert: „Im Gefolge einer Revolution werden Vorstellungen, die man bis dahin ausschließlich mit randständigen Spinnern verbunden hatte, im Handumdrehen zur akzeptierten Basis der Diskussion." (Ebd.: 176) Und tatsächlich scheint es so zu sein, dass es heute wieder möglich ist, über Systemalternativen zu diskutieren, die jenseits des herrschenden Kamikaze-Kapitalismus (vgl. Graeber 2012b) liegen, ohne gleich als linker Spinner abgetan zu werden, und auch Debatten über Alternativen zur traditionellen repräsentativen Demokratie werden nicht mehr am Rand der Gesellschaft geführt, sondern sind in ihr Zentrum eingewandert. Und noch etwas könnten die Jungen von Occupy gelernt haben: Um etwas zu verändern, braucht man nicht unbedingt traditionelle Großorganisationen mit hierarchischen Strukturen und wortgewaltige Anführer wie die, die die '68er Bewegung dominierten. Viele haben vielleicht gelernt, dass auch horizontale Strukturen neben mehr Gerechtigkeit durchaus zu erfolgreichen politischen Aktionen führen können.

Unsere politische Landschaft wird vom Populismus dominiert. Die abscheulichste Form des Populismus ist der Rechtspopulismus. Strache in Österreich, Orbán in Ungarn oder Blocher in der Schweiz stehen für einen Populismus von oben. Sie inszenieren sich als charismatische Lichtgestalten, die versprechen, jene zu belohnen, die ihnen bedingungslos folgen. Will der kleine Bürger etwas erreichen, so ist seine Selbstaufgabe als Subjekt der Demokratie gefordert. Es gibt nur einen einzigen demokratischen Akt, die Ermächtigung des Führers. Danach denkt und handelt der Führer für den Bürger. Im Gegensatz dazu könnte man bei Occupy von einem Populismus von unten sprechen. Fremdenfeindlichkeit, Islamophobie oder andere Sündenbockideologien spielten bei den Bewegungen in Spanien, den USA, in Chile, in Deutschland etc. keine Rolle. Die Kritik der Bewegungen „richten sich stattdessen gegen wirtschaftliche und politische Eliten, gegen Wirtschaftsbosse, Banker und Parteipolitiker (...)" (Kraushaar 2012: 57). Und das ist wohl auch das Sympathische an diesen neuen außerparlamentarischen Beteiligungsformen der Jugend. Sie kühlen sich ihr Mütchen nicht an den Schwachen der Gesellschaft, sondern an den herrschenden politischen und ökonomischen Eliten, ganz nach dem Motto von Kalle Lasn, der meint: „Es ist unterhaltsam, mit Titanen zu kämpfen." (Lasn 2005: 132) Das ist jedenfalls eine Form von Unterhaltung, die man sich einreden lässt.

MEDIEN ALS JUGENDLICHE INSZENIERUNGSWELTEN

DAS UNTERNEHMERISCHE SELBST IM WEB 2.0

Unsere Gesellschaft ist geprägt von der ständigen Erhöhung der Geschwindigkeit in allen ihren Teilsystemen. Folge der umfassenden Beschleunigung aller gesellschaftlichen Beziehungen und Verhältnisse ist die rasche Umwälzung von Traditions- und Wissensbeständen. Wie die Gesellschaft selbst wandeln sich auch Werte, Normen und Diskurse, die das Leben der Menschen leiten und bestimmen. Wenn das Alte rasch verschwindet, ist die Erhöhung der Produktivität bei der Herstellung des Neuen nötig. Neues Design, neue ethische Prinzipien, neue Werte, neue Lebensstile etc. müssen „produziert" werden, um den Menschen Orientierung und Handlungssicherheit zu geben. Während die Alten gerne an traditionellen Werten, Normen und Wissensbeständen festhalten, sind die Jungen stark dem Neuen zugewandt. Ihnen kommt die Aufgabe zu, das Neue hervorzubringen und in der Gesellschaft durchzusetzen.

Im Jahr 1990 greift Gilles Deleuze den foucaultschen Begriff der Disziplinargesellschaft auf und stellt diesem den Begriff der Kontrollgesellschaft gegenüber (vgl. Deleuze 2011). Im Zentrum einer Disziplinargesellschaft stehen Einschließungsmilieus. Die

Menschen werden in Familien, Schulen, Fabriken, Kliniken etc. integriert. In der Zeit seit dem Zweiten Weltkrieg erleben wir eine sich stetig steigernde Krise dieser Einschließungsmilieus. Die Gesellschaft ordnet sich neu. An die Stelle der rigiden disziplinargesellschaftlichen Strukturen treten Kontrollformen mit freiheitlichem Aussehen. So wird die Fabrik durch das Unternehmen ersetzt. Ist die Fabrik eine rigide Zwangsstruktur, so stellt das Unternehmen mehr ein geistiges Prinzip, eine Idee des gemeinsamen Arbeitens und Produzierens dar.

Die Erwartungen an den Menschen sind naturgemäß in kontrollgesellschaftlichen Strukturen andere als in disziplinargesellschaftlichen. Während in der Disziplinargesellschaft Einordnung, Unterordnung und passive Gefolgschaft gefragt sind, wird in der Kontrollgesellschaft ein aktiver, eigenverantwortlich handelnder Menschentypus verlangt. Wurde in der Gesellschaft der Einschließungsmilieus nach dem Prinzip Überwachen und Strafen mit den Menschen verfahren, so steht in der Kontrollgesellschaft die Aktivierung der Selbststeuerungspotentiale der Bürger im Zentrum der gouvernementalen Diskurse.

Der ideale Subjektentwurf unter kontrollgesellschaftlichen Bedingungen ist das „unternehmerische Selbst" (vgl. Bröckling 2010). Die ideale Medienwelt des eigeninitiven und auf Erfolg ausgerichteten „unternehmerischen Selbst" ist das Web 2.0. In der Sphäre der „Lean-Forward-Kultur" der Weblogs, Wikis und Online Social Networks kommt der selbstkontrollierte Entrepreneur so richtig zu sich. Hier kann er sich vermarkten und andere dabei beobachten, wie sich diese vermarkten. Immer das eigene Selbst im Blick, an dem beständig gearbeitet wird, versucht der postmoderne Ego-Performer adäquate, erfolgversprechende Selbstkonzepte zu entwickeln und zur Darstellung zu bringen. In einer neoliberalen Unternehmergesellschaft besteht sowohl für individuelle als auch für kollektive Akteure die absolute Notwendigkeit zur überzeugenden Selbstdarstellung. Der ganze Mensch ist im Rahmen von Selbstdarstellungs-, Selbstthematisierungs- und Selbstinszenierungstechniken gefordert. Eine ständige Herausforderung, die täglich von neuem anzunehmen ist (vgl. Carstensen 2009).

Das Web 2.0 bietet die ideale kommunikationstechnische Grundlage für ein Selbst, das sich zur permanenten Selbstdarstellung gezwungen sieht. Unter marktgesellschaftlichen Verhältnissen ist das Erfolgskonzept für den Einzelnen die Selbstvermarktung. Nicht nur Waren und Dienstleistungen müssen unter Gesichtspunkten des Marketings betrachtet werden, auch das Individuum selbst ist zur Ware geworden, deren Wert sich primär durch Image-Building und die Fähigkeit zur marktorientierten Kommunikation konstituiert.

Innerhalb der Welt des Web 2.0 ist die Kommunikationsplattform „facebook" das zentrale Medium der Selbstdarstellung. 85 Prozent der unter 30-jährigen Community-User nutzen „facebook", um das eigene Selbst zu inszenieren und zu vermarkten (tfactory 2010).

Internet und Web 2.0 eröffnen somit einen neuen sozio-technischen Möglichkeitsraum, in dem sich individuelle, aber auch kollektive Akteure selbst darstellen können. Insbesondere Jugendkulturen und -szenen erhalten die Möglichkeit, sich über die natürlichen Begrenzungen des körper- und gegenstandsgebundenen Soziallebens hinaus zu vernetzen. Der virtuelle Kommunikationsraum des Web 2.0 erweitert die Kontakträume und eröffnet zusätzliche Möglichkeiten der Vernetzung und der Intensivierung von sozialen Beziehungen. Die in der neuen digitalen Kommunikationstechnologie angelegten Tendenzen zur Pluralisierung und Diversifizierung von Medientechnologien und Kommunikationskanälen fördern die Ausdifferenzierung und Spezialisierung von soziokulturellen Milieus. Stärker als traditionelle Medien befördert das Web 2.0 die gegenseitige Abgrenzung von jugendkulturellen Netzwerken.

Es wird die Vernetzungen und Vergemeinschaftung von Individuen mit gemeinsamen kulturellen Merkmalen unterstützt. Kenntnisse über das kulturelle „Andere" bleiben außen vor, weil sich die Akteure in erster Linie in den heimatlichen Kontexten des eigenen Codes bewegen. In der Praxis kann das bedeuten, dass der kommunikative Code anderer Communitys als der eigenen nicht mehr verstanden oder missverstanden wird. Das Web 2.0 differenziert die kulturellen Welten aus, ohne dass es Wissen über andere Code-Systeme vermittelt. In der Praxis der Jugendkulturen ist ein Auseinanderdriften unterschiedlicher Jugendszenen zu beobachten, die sich aufgrund von Verständigungsproblemen nicht mehr vermitteln können.

Andreas Hepp unterscheidet aufbauend auf der Systematik von John B. Thompson drei Typen von Kommunikation, die „Face-to-Face-Interaktion", die „mediatisierte Interaktion" und die „mediatisierte Quasi-Interaktion". Während „Face-to-Face-Interaktion" und „mediatisierte Interaktion" auf „bestimmte Andere" ausgerichtet sind, orientiert sich die „mediatisierte Quasi-Interaktion" auf ein unbestimmtes Potential von Adressaten. Letztere Form der Kommunikation betrifft also Massenmedien wie das Fernsehen, die senden, ohne über unmittelbare Feedbackmöglichkeiten zu verfügen. „Mediatisierte Quasi-Interaktion" ist damit monologisch ausgelegt, während „Face-to-Face-Interaktion" und „mediatisierte Interaktion" auf dem Prinzip des Dialogs aufbauen. Hepp weist aber auf einen wichtigen Nachteil der „mediatisierten Interaktion" gegenüber der „Face-to-Face-Interaktion" hin, der beachtenswert ist. Im Kern besteht dieser in den eingeschränkten symbolischen Mitteln des mediatisierten Dialogs. Es fehlt die umfassende gegenseitige Wahrnehmung. Optische Signale wie zum Beispiel Mimik oder Gestik bleiben weitgehend aus dem Dialog ausgeschlossen, und das, obwohl sie für den Verständigungsprozess und den Aufbau von persönlichen Beziehungen wie Liebe, Freundschaft oder Konkurrenz von größter Bedeutung sind (vgl. Hepp 2011). Es wird wohl zu untersuchen sein, in welcher Form diese symbolisch-defizitäre Kommunikation die Beziehungs- und Vernetzungsqualität beeinflusst.

Ein weiteres Defizit medienvermittelter Interaktion besteht in der fehlenden Möglichkeit zum „Turn-Taking". Dies bedeutet, dass die unmittelbare abwechselnde Kommunikation, das spontane oder gezielte Reagieren auf den Absender der Botschaft und die Botschaft selbst, im Kontext medienvermittelter Kommunikation nur eingeschränkt möglich ist und dann vollständig fehlen muss, wenn der Dialog zeitlich asynchron erfolgt. Dieser Aspekt der medienvermittelten Interaktion, der in der Praxis immer wieder zu beträchtlichen Abstimmungsproblemen und Missverständnissen führt, und die zunehmende Unpersönlichkeit der medienvermittelten Kommunikation können uns davon ausgehen lassen, dass auch die Menschen der Zukunft die „Face-to-Face-Kommunikation" suchen werden, weil sie das Bedürfnis nach menschlicher Nähe und nach Ehrlichkeit, Echtheit, Unmittelbarkeit und Authentizität wie keine andere Form des symbolischen Austausches befriedigt.

Es scheint notwendig zu sein, bei der Analyse der Wirkung von Medien im Hinblick auf den Aufbau von persönlichen Beziehungen immer wieder ganz präzise jene Fragen zu stellen, die Andreas Hepp aufwirft: Erlauben sie „Turn Taking"? Und wenn ja, in welchem Rhythmus erfolgt das Wechselspiel? Welche Signale werden übertragen? Wird zwischen Alter und

Ego kommuniziert oder werden Kommunikationsdyaden in größere Netzwerke einbezogen? (vgl. ebd.)

Die Stärke des Web 2.0 besteht ganz offensichtlich in der Fähigkeit dieser Technologie, Kommunikationsdyaden in größere Netzwerke einzubeziehen, d. h., die Praxis der Kommunikation im Web 2.0 befördert im hohen Maße die Verbindung von jungen Menschen zu Netzwerkgemeinschaften. Insofern wirkt das Web 2.0 vergemeinschaftend, und zwar auch dort, wo die „Face-to-Face-Kommunikation" z. B. aufgrund raum-zeitlicher Asynchronität an ihre Grenzen stoßen muss.

Es stellt sich aber auch die Frage, wie die Web-2.0-Kommunikation die Bindungsqualität beeinflusst. Generell sehen wir, dass in unserer durch individualistische Subjektivierungsformen geprägten Zeit starke Bindungen genau reflektiert werden, bevor sie vom individualisierten Individuum eingegangen werden.

Die Folge ist, dass der Einzelne im Vergleich zu früher weniger starke Bindungen eingeht, im Gegensatz dazu sich aber die so genannten „weak ties" in großem Maßstab vermehren. Gerade bei Jugendlichen ist eine große Anzahl von „weak ties" z. B. auf der Web-2.0-Plattform „facebook" häufig eine wichtige Grundlage von Anerkennung und „fame".

Die schwachen Bindungen des Web 2.0 verpflichten zu nichts. Aus diesem Grund werden sie in Zeiten, in denen „bindungslose Flexibilität" (vgl. Sennett 2006) eine wichtige Voraussetzung von persönlichem Erfolg ist, so geschätzt. Es gibt nichts Schlimmeres für den postmodernen Erfolgsmenschen, als sich festzulegen zu müssen oder festgelegt zu werden. Wer seine Flexibilität einbüßt, büßt damit wohl das wichtigste Erfolgskriterium unserer Tage ein. Will man Erfolg haben, muss man quasi immer auf gepackten Koffern sitzen und sollte, wenn man weiter muss, keine Angst oder Skrupel davor haben, etwas zurückzulassen. Der schwache Bindungstypus, der beliebig aus- und angeknipst werden kann, weil er über keine emotionale Tiefe verfügt, ist für den sich ständig in Bewegung befindlichen Handlungsreisenden in eigener Sache, den postmodernen Erfolgsmenschen, die adäquate Form der Vergemeinschaftung.

Das Web 2.0 befördert den Aufbau von schwach gebundenen Netzwerken, die zu wenig bis nichts verpflichten. Zudem sind diese Netzwerke ideale Strukturen zur nutzenorientierten Akkumulation von Sozialkapital. Im Zentrum vieler Internetbeziehungen steht nicht bedingungslose Zuneigung oder Freundschaft, sondern die Vernutzung der Zwischenmenschlichkeit zum eigenen, ganz persönlichen Vorteil.

Das Web 2.0 ist in erster Linie ein Marktplatz für den Austausch von soziokulturellen Kompetenzen, Fähigkeiten, Fertigkeiten und Beziehungen, die dem Aufbau und der Ausgestaltung des persönlichen Sozialkapital-Kontos der TeilnehmerInnen dienlich sein sollen. Das soll keineswegs heißen, dass der nutzenorientierte Aufbau von Beziehungen in der Face-to-Face-Sphäre des menschlichen Lebens nicht vorkommt. Ganz im Gegenteil. In Zeiten, die von der Ökonomisierung des Sozialen (vgl. Heitmeyer 2007) beherrscht sind, sind grundsätzlich alle persönlichen Beziehungen in Gefahr, in Waren verwandelt zu werden, die auf sozialkapitalistischen Märkten getauscht werden. Das Web 2.0 gibt durch seine technischen Möglichkeiten zur nutzenorientierten Vernetzung und durch seine distanzierende Kommunikationskultur den Tendenzen zur Ökonomisierung der zwischenmenschlichen Beziehungen einen zusätzlichen Spin.

Internet und Web 2.0 sind, wie oben bereits angedeutet, Kommunikationstechnologien und Kommunikationsräume, die die kulturelle Fragmentierung befördern. Sie schaffen kommunikative Räume für spezielle Kulturen und befördern die Tendenz, zum Unter-sich-Bleiben. Von einer verführerischen Kommunikation der Gemeinschaft in den Bann gezogen, im Kontext derer die Grenzen zwischen NutzerInnen-Rolle und ProduzentInnen-Rolle verschwimmen, tendieren die TeilnehmerInnen dazu, sich innerhalb der In-Group der Szene-Insider kommunikativ völlig zu verausgaben und sich gegenüber alternativen soziokulturellen Kommunikationsräumen abzuschotten.

Im Gegensatz dazu sind es die Dinosaurier der monologischen Massenmedienkultur, das Fernsehen und die Printmedien, die für die Synchronisation von Informationen sorgen. Indem sie Informationen über unterschiedliche (Sub-)Kulturen breit streuen, wird das Wissen der verschiedenen Kulturen übereinander befördert. Das Fernsehen, *Profil*, *der Spiegel*, *Neon* oder die *Bravo* leisten so – unabhängig von der Qualität ihrer Berichterstattung – einen zentralen Beitrag zur kulturübergreifenden und kulturvermittelnden Kommunikation (vgl. Hepp 2011).

Das Internet hat eine neue Form der Textrezeption auf die Tagesordnung gesetzt, die heute vor allem in jungen Altersgruppen zum weit verbreiteten Standard gehört, die so genannte hypertextuelle Lektüre von Texten. Im Gegensatz dazu steht die lineare Rezeptionskultur der Gutenberg-Ära, in der das Ideal darin bestand, einen einzelnen Text durchgehend von der ersten bis zur letzten Zeile zu lesen. Die Texte der Gutenberg-Ära sind auch strukturell so angelegt, dass eine vom Anfang bis zum Ende des Textes durchgehende Rezeption die Grundvoraussetzung für das adäquate Verständnis der Kernaussagen des Textes ist.

In der vom Hypertextprinzip geleiteten Textrezeption lässt sich der Rezipient nicht mehr vom Autor oder der Autorin von Kapitel zu Kapitel durch einen Text leiten. Vielmehr springen die LeserInnen, wie es ihnen beliebt, von einem Text zum anderen. Absprungbasen sind so genannte Links, die die im Internet vorhandenen digitalen Texte anbieten. Indem sie nach dem Hypertextprinzip handeln, schaffen die RezipientInnen bei jeder Lektüre quasi einen eigenen Text. Ihre Rezeption entzieht sich damit der Intention des Autors/der Autorin.

Ein gutes Beispiel für eine digitale Textsammlung, die zur hypertextuellen Rezeption einlädt, ist die Wissensplattform „Wikipedia". Die hervorgehobenen Worte in den „Wikipedia"-Texten zeigen Links an. Klickt man auf sie, wird man zu einem anderen Text weitergeleitet. In diesem Text sind wieder einzelne Worte fett hervorgehoben und damit als Links gekennzeichnet. Klickt man diese an, wird man wieder zu einem anderen Text geführt und so weiter und so fort. Durch die Hypertextualität des elektronischen Lesens ist es den LeserInnen möglich, innerhalb von Texten von einem Text zum anderen und wieder zurück zu surfen und sich so einen eigenen Text zu schaffen. In der hypertextuellen Rezeption wird der Rezipient zum Schöpfer seines eigenen Textes.

Das Internet ist zum führenden Jugendmedium geworden. Dies vor allem dadurch, dass das Internet sämtliche Medienformen bündelt und verbindet. Das Internet ist das postmoderne Universalmedium, mit dessen Hilfe auch alle traditionellen Medien wie Fernsehen, Radio, Print etc. zugänglich sind. Somit sind über das Internet fast alle Medienbedürfnisse, die ein Mensch haben kann, zu befriedigen. Egal, ob der Nutzer nach aktiver Kommunikation, Information, Unterhaltung etc. sucht, das Internet kann alles bieten. Es verbinden sich im Internet auf ideale Weise die Funktionen eines passivierenden „Lean-Back-Mediums" mit denen eines aktivierenden „Lean-Forward-Mediums". Mit und durch das Internet stehen den NutzerInnen alle Möglichkeiten der medialen Selbstverwirklichung offen. Die große Stärke des Mediums Internet ist also seine Konvergenz, d. h. seine Fähigkeit, unterschiedliche Medien einander anzunähern und in einen größeren medialen Netzwerkkontext zu integrieren.

Obwohl die überwiegende Zahl der Haushalte einen Internetzugang hat und alle Bevölkerungsteile bereits über einen relativ langen Zeitraum Erfahrungen mit der Online-Welt sammeln konnten, ist das Nutzungsverhalten der Bevölkerung nicht homogen. Insbesondere Jugendliche und Erwachsene unterscheiden sich, was das Nutzungsverhalten betrifft. Nutzen Erwachsene das Internet bevorzugt kommunikations- und informationsorientiert, so wird es von den Jugendlichen vor allem unterhaltungsorientiert genutzt (vgl. Großegger 2010). Das bedeutet, dass Jugendliche zusätzlich insbesondere das Audio- und Videoangebot bestimmter Plattformen wie „YouTube" zur Unterhaltung oder zum persönlichen Gefühlsmanagement nutzen.

Auch die Nutzung des Internets aus sozialen Motiven ist eine Domäne der Jugendlichen. Sie sind deutlich häufiger in den Welten der so genannten Online-Social-Networks unterwegs als die Erwachsenen.

In diesem Zusammenhang ist auch auf die wichtige Funktion des Internets für die Herausbildung von kulturellen Identitäten unter Jugendlichen hinzuweisen. Indem sich Jugendliche auf bestimmten szenekulturell positionierten Internetplattformen einloggen oder sich in jugendkulturell codierte Netzwerke einbringen, arbeiten sie an ihrer Identität, die dabei ist, zur multiplen Identität zu werden. Die identitätsorientierte Nutzung des Internets ist längst zu einem Spiel mit Identitätsmasken geworden. Auch was die eigene Identität betrifft, wollen Jugendliche flexibel bleiben. Das Internet eröffnet ihnen einen

Möglichkeitsraum, in dem es weit weniger als im wirklichen Leben notwendig ist, sich festzulegen. Rollen können gewechselt oder verschiedene Rollen gleichzeitig auf verschiedenen Plattformen gespielt werden. Selbst zwischen verschiedenen Geschlechterrollen kann changiert werden. Ein Spiel mit dem Geschlecht zeichnet sich ab, das auf einen soziokulturellen Raum jenseits des gesellschaftlichen Ordnungssystems der Heteronormativität verweisen könnte.

Der Aufstieg einer performativen, auf persönliche Selbstdarstellung ausgerichteten Ökonomie befördert nicht zuletzt die weitgehende Ästhetisierung des Lebens. Die Kommunikation über die Welt ist wichtiger geworden als die Welt selbst. Wichtiger als die Dinge ist die Art und Weise, wie sie geformt oder arrangiert sind. Das ästhetische Prinzip, das die Gegenwart beherrscht, die Lust am Ästhetischen, die heute das Handeln der Menschen bestimmt, beschreibt Wolfgang Welsch folgendermaßen: „Die spezifisch ästhetische Lust bezieht sich beispielsweise auf das Arrangement von Speisen – statt auf deren Substanz, oder den Vollzug der Liebe – statt der Triebbefriedigung, oder auf die Form der Rede – anstelle deren Inhalt." (Welsch 1996: 26f)

Vor allem die Mittelschichten inszenieren ihre besonders kultivierte Einstellung zum Sinnlichen und grenzen sich so von den bildungsfernen unteren Sozialschichten ab. Dem individualisierten Individuum geht es vorrangig um die Ästhetik seiner persönlichen Existenz, um das fast künstlerische Spiel mit Formen, Farben und Stilen, mit dem es der Auslöschung seiner Individualität in einer von Normen und kommerziellen, homogenen Stilen geprägten Massengesellschaft zu entgehen versucht.

Zudem vermittelt die ästhetische Welt den Eindruck der Leichtigkeit, der Veränderbarkeit und des Schwebens, eine Gegenwelt zur kühlen ökonomisierten Kultur der Leistungs- und Konkurrenzgesellschaft. In den Jugendkulturen herrscht vielfach der Vorrang des Möglichen vor dem Wirklichen, der Vorrang des Spielerischen vor der Wirklichkeit der sozialen Interaktion. Das Spiel mit Identitäten im Internet, aber ebenso in der realen Lebenswelt ist auch als ein individuelles strategisches Manöver gegen die Ökonomisierung und Verzweckung des Lebens in der Postmoderne zu interpretieren.

Die Ästhetisierung des Lebens befördert die bildzentrierte, nicht-argumentative, symbolische Kommunikation. Bilder drängen in den Vordergrund, der wortsprachliche Anteil der Kommunikation wird reduziert. Anstelle des überzeugenden wortsprachlichen Arguments tritt die Verführungskraft des Bildes. Auch die Sprache der Menschen wird metaphorisch, psychologisch, von irrationaler Symbolik heimgesucht. Indem Klarheit und Eindeutigkeit in der Kommunikation vermieden wird, bleiben Auswege und Möglichkeitsräume offen. Das Bild ist interpretationsoffener als das sprachliche Argument. Wer flexibel bleiben und Festlegungen vermeiden will, der zieht das Bild der Sprache vor oder verwendet eine mit bildhaften Redewendungen angereicherte Sprache.

So breitet sich in der Alltagssprache der Menschen, aber auch in der politischen und der Werbekommunikation eine nichtbegriffliche Kommunikation der Verführung aus. Das Wahre, das Richtige will empfunden, nicht verstanden werden. Der postmoderne Mensch ist nur vordergründig ein cooler Pragmatiker oder gar ein Wesen der Vernunft. In Wirklichkeit ist er die Repräsentation eines Gefühls- und Identitätschaos, das einmal eine pragmatisch-utilitaristische Seite und dann wieder eine neoromantisch-gefühlsorientierte Seite, einmal den nutzenorientierten Pragmatiker und dann wieder den eskapistischen Ästheten in den Vordergrund treten lässt.

KRIEG IN DEN STÄDTEN

WAS TREIBT DIE GHETTO-KIDS ZUR GEWALT UND WER TRÄGT DIE VERANTWORTUNG?

Wir leben in einer Kultur, in der das Sichtbare, alles das, was in Bildern darstellbar ist und dargestellt wird, das Zeitgeschehen und die Reflexion darüber dominiert. Diese Dominanz des Bildes lässt uns manchmal vergessen, dass Bild nicht gleich Realität ist, dass die Bilder von der Wirklichkeit diese zumindest verfremden, wenn sie ihr nicht gar der Bedeutung nach diametral entgegengesetzt sind.

Die mediale Omnipräsenz der Gewalt

Gewaltereignisse sind gerade in einer Gesellschaft besonders quotenwirksam, in der Gewalt immer stärker tabuisiert wird, die immer gewaltsensibler, gleichzeitig aber immer besessener von medialen Gewaltdarstellungen und der Diskussion darüber geworden ist. Gewalt ist auch in den Informationssendungen omnipräsent. Skandalisierende und dramatisierende Berichte werden besonders von Privat-TV-Stationen in Umlauf gebracht. Ohne Rücksicht auf die gesellschaftlichen Folgen wird von kommerziellen Betreibern alles in einer Form gesendet, die

wirtschaftlichen und Quotenprofit erwarten lässt. Und die Me-
dienmanager der Privaten machen sich nicht einmal mehr die
Mühe zu verschleiern, dass es ihnen nur mehr um Geld und
Quote und nicht mehr um Sachlichkeit und Gegenstandsadä-
quatheit geht. Wie Horkheimer und Adorno schon im Jahr
1944 festgestellt haben, verwenden diese Medienunternehmen
die Wahrheit, dass sie nichts als Geschäft sind, als Ideologie,
„um den Schund zu legitimieren, den sie vorsätzlich herstellen"
(vgl. Horkheimer/Adorno 2010: 129).

Subjektive und strukturelle Gewalt

Die immer wieder in europäischen Großstädten aufflammende Gewalt ist kein neues Phänomen. Schon 1991 thematisierten
Farin/Seidel-Pielen in ihrer Monographie „Krieg in den Städten"
die soziokulturellen Widersprüche der mitteleuropäischen Ur-
banität und die durch sie ständig präsente Gefahr des Ausbre-
chens von Unruhen und Aufständen und brachten praktische
Beispiele (vgl. Farin/Seidel-Pielen 1991/2012). Auch das 21. Jahrhundert ist von urbaner Gewalt geprägt. Hervorstechend die
Aufstände in den Pariser Vorstädten im Herbst 2005, die Slavoj
Zizek in seinem Buch „Gewalt" thematisiert (vgl. Zizek 2011).
Um diese Gewaltphänomene erklärbar zu machen, weist Zizek
auf die Notwendigkeit hin, Gewalt in ihrer Vielgestaltigkeit
wahrzunehmen. Ignoriert man die Vielgestaltigkeit der Gewalt,
dann läuft man Gefahr, den bildvermittelten Einflüssen des
sichtbarsten Teils der Gewalt, der subjektiven Gewalt, zu erlie-
gen. Zizek formuliert: „Der überwältigende Schrecken der Gewaltakte und das Mitgefühl, das man für die Opfer hegt, verführen uns unweigerlich dazu, das Denken einzustellen." (Ebd.: 11)
    Um der manipulativen Bildmacht des sichtbaren Teils der
Gewalt nicht zu unterliegen, verweist Zizek auf die Notwen-

digkeit, objektive Aspekte der Gewalt in die Analyse von Ge-
waltereignissen einzubeziehen. Im Zentrum dabei die „struk-
turelle Gewalt", die „die katastrophalen Konsequenzen des
reibungslosen Funktionierens unseres ökonomischen Systems"
repräsentiert (ebd.: 10).

Wir können davon ausgehen, dass in der Regel Gewalttä-
ter selbst Opfer von Gewalt sind. Die Akteure der Unruhen in
Paris 2005 und der in London 2011 müssen also auch als Opfer
struktureller und kultureller Gewalt gesehen werden, die unter
Ungleichheits- und Ungerechtigkeitserfahrungen, unter Dis-
kriminierung, Stigmatisierung und Exklusion zu leiden hatten.
Wir haben es also nicht, wie in sensationslüsternen Quoten- und
Reichweitenmedien beschrieben, mit rücksichtslosen, gewissenlosen und amoralischen Extremisten zu tun, sondern mit den
Opfern einer neoliberalen Ökonomie, denen sowohl die materiellen, sozialen als auch kulturellen Lebensgrundlagen entzogen
wurden, Menschen ohne individuelle Zukunftsperspektive und
ohne Hoffnung auf gesellschaftliche Achtung und Anerkennung. Nicht randalierende Egoisten, die aus Lust am Gewaltexzess plündern und brandschatzen, sind hier am Werk, sondern
Opfer des „solipsistischen spekulativen Tanzes des Kapitals (...),
der seine Profitziele mit gesegnetem Gleichmut verfolgt und sich
keinen Deut darum kümmert, wie sein Fortschreiten die gesellschaftliche Wirklichkeit beeinträchtigt." (Ebd.: 19)

Unpolitische Demonstration von Unmut

Für Hartmut M. Griese ist Gewalt eine Art Seismograph für
wachsende soziale Ungleichheit, Ungerechtigkeit und den Verlust an sozialen Bindungskräften (vgl. Griese 2007: 163f). Die
Unruhen und Aufstände treten also dort auf, wo die neoliberale
Ökonomisierung des Sozialen das Leben von Randgruppen in

sozialer und kultureller Hinsicht dermaßen einschränkt, dass Regelverletzungen und Normenbrüche für diese zur emotionalen Notwendigkeit werden. Die Beteiligung am Gewaltexzess ist ein emotionaler Ausgleich für die täglich erlittene Ausgrenzung und Missachtung und gibt den Akteuren zumindest das vorübergehende Gefühl, auf die sie umgebende gesellschaftliche Wirklichkeit Einfluss ausüben zu können und Macht zu haben. Der Aufstand in den Ghettos ist auch als vorübergehende Selbstermächtigung der Machtlosesten unserer Gesellschaften zu sehen.

Diese Revolten sind aber eher nicht politische Statements im traditionellen Sinn. Vielmehr sind sie spontane Äußerungen von Unmut und Unzufriedenheit. Denn die sozialen Randgruppen in den europäischen Metropolen sind der Politik zu sehr entfremdet worden, um noch im hergebrachten Sinne politisch denken und handeln zu können. Sie finden in einer postpolitischen Gesellschaft, in der an die Stelle einer lebendigen, agonistischen Diskussion zwischen gegnerischen Parteien ein uninteressanter, undynamischer, träger Konsens der Mitte getreten ist, kein politisches Weltbild und keine politische Kraft mehr, mit Hilfe derer sie ihre Interessen glauben vertreten zu können. In diese Leerstelle könnten in Zukunft noch stärker rechtspopulistische Kräfte eintreten, die zwar auch nicht mehr zu bieten haben als ein bis zur Lächerlichkeit aufgeblasenes ideologieloses populistisches Medientheater, die ihre Rolle aber zumindest distinkt und mit Leidenschaft spielen (vgl. Mouffe 2007: 87).

Gewalt als Symbol von Moral- und Werteverlust

Vor allem von konservativen KommentatorInnen wird angesichts von gewalttätigen Revolten gerne das Thema des Werteverlustes angesprochen. Dabei wird der Vorwurf erhoben, dass es in unserer individualisierten und werteplualen Gesellschaft nicht mehr gelingen würde, zentrale und für alle gültige Werte des menschlichen Zusammenlebens zu vermitteln. Jeder tue nur, was er persönlich wolle, die Empathie für das gemeinschaftliche Ganze sei verloren gegangen, und Schuld daran trage die mangelhafte Werteerziehung in Elternhaus und Schule. Damit wird das Gewaltproblem zu einem Erziehungsproblem gemacht und auch die Schuldigen für Werteverlust und Gewaltexzesse sind schnell gefunden. Wie schön, wenn die Welt so einfach ist. In diesem Zusammenhang bringt Hartmut M. Griese einen Gedanken ins Spiel, der die in diesem Punkt häufig einmütige Meinung der konsensualen Mitte subversiv herausfordert: Immer, wenn Gesellschaft und Politik versagen, erfolgt der Ruf nach Pädagogik und Erziehung (vgl. Griese 2007: 156).

Diese Aussage tut weh, scheint aber wahr zu sein. Ganz abgesehen davon, ob moralische Werte in einer vom zweckrationalen Ökonomismus beherrschten Gesellschaft überhaupt noch Relevanz für das Handeln der Menschen haben können, stellt sich doch die Frage, wo in Politik und Zivilgesellschaft, von einigen wenigen Ausnahmen einmal abgesehen, die moralischen Persönlichkeiten sind, deren Handeln als Vorbild für junge und ältere BürgerInnen positiv wirksam sein könnte? Ist nicht im Gegenteil eine ansteigende Flut von negativen Vorbildern zu beobachten, die politische Ämter für den eigenen Vorteil missbrauchen, in wirtschaftlichen Führungspositionen Korruption praktizieren und selbst in kirchlichen Ämtern ein Sexualverhalten an den Tag legen, das weit ab von dem liegt, das sie in Sonntagspredigten der ihnen anvertrauten Herde der Gläubigen anempfehlen. Wie kann eine solche von Doppelmoral und egozentrischem Eigennutz getriebene politische und religiöse „Elite" den Ausgegrenzten und Perspektivlosen mangelnde Moral und fehlenden Respekt vor dem Eigentum der anderen vorwerfen? Und welche moralische Kompetenz befähigt sie, sich an die Spitze einer pädagogischen Bewegung für mehr Ehrlichkeit, Aufrichtigkeit und Gesetzestreue zu stellen?

Moral: Was unterscheidet Ghetto-Kids und Finanzkapital?

Was wir heute sehen, ist, dass die Ghetto-Kids nach derselben Moral und denselben Werten funktionieren und agieren wie das Finanzkapital. Unterschiedlich sind nur die Mittel, derer sich die beiden Gruppen bedienen. Während die Broker ihre Verbrechen stilvoll und distinguiert mit Anzug und Krawatte am Computer begehen, schmeißen die Ghetto-Kids Schaufenster ein und klauen und plündern fremdes Eigentum. Aber gibt es dem Wesen nach einen Unterschied zwischen beiden Verbrechen? Liegt die Differenz nicht allemal nur in der Form der Ausführung? Und hat Slavoj Zizek nicht Recht, wenn er darauf hinweist, dass der überwältigende Schrecken der subjektiven Gewaltakte uns dazu verführt, das Denken einzustellen, und wir damit die Fähigkeit verlieren, die Wesensidentität im Handeln der beiden unterschiedlichen Gruppen zu erkennen?

Sollte es uns gelingen, uns der manipulativen Kraft der Bilder der Gewalt und ihrer gezielten medialen Platzierung zu entziehen, dann werden wir bemerken, dass korrupte PolitikerInnen, betrügerische Finanzspekulanten und brandschatzende und plündernde Jugendliche sich dem Wesen ihres Handelns nach kaum unterscheiden. Allen ist gemein, dass sie den Gesetzen einer Winner-Loser-Kultur folgend nicht viel mehr wollen als Macht ausüben, Aufmerksamkeit und Akzeptanz erreichen und sich einen materiellen Vorteil sichern. Und da die

Wahrscheinlichkeit größer ist, dass sich die unteren Sozialschichten an den oberen orientieren als umgekehrt, sind es am Ende des Tages die Eliten selbst, deren unmoralisches Sein und Handeln das Vorbild für das Agieren der Ghetto-Kids abgibt und die damit für unmoralisches Handeln im Ghetto die moralische Verantwortung übernehmen müssen.

JUGEND UND MUSIK

POPKULTURELLES KAPITAL ALS RELEVANTE WISSENSRESSOURCE UND MUSIKSZENEN ALS LERNORTE

In seinem Aufsatz „Neue Strömungen der Weltwahrnehmung und kulturellen Ordnung" weist der Medienpädagoge Dieter Baacke auf ein Problem hin, das sich fast notwendig ergibt, wenn man sich wissenschaftlich mit Phänomenen der postmodernen Jugendkultur auseinandersetzt. Das Problem, das Baacke sieht, ist das des „exterritorialen Beobachters" (Baacke 1997: 30). Ein solcher Beobachter, der außerhalb des jugendkulturellen Territoriums, über das er urteilt und schreibt, positioniert ist, steht immer in der Gefahr, „die Sensibilitäten und Intensitätserfahrungen von Jugendlichen" (ebd.: 30) von einer pädagogischen Warte aus mit Unverständnis zu betrachten und in der Folge zu negativen und deklassierenden Urteilen zu gelangen.

Einen derart vorurteilsbesetzten Zugang zu den Kulturen der Jugend sollte man genauso vermeiden wie eine zu diesem diametral entgegengesetzte, häufig anzutreffende Beurteilungsweise, die alles für gut, richtig und schön erklärt, was Jugendliche hervorbringen und tun, und damit den gesamten Kulturkonsum und jegliche Kulturproduktion der Jugend gegenüber Kritik zu immunisieren versucht. Eine solche Fetischisierung von Jugendkultur passt im Übrigen gut in eine Gesellschaft, in der der Juvenilität ein so großer Wert zukommt, dass man bei der Beschreibung von Menschen den Begriff des Alters vermeidet und anstelle dessen nur von „mehr oder weniger jungen Menschen" spricht.

Zur Bedeutung der Musik in Zeiten des Diktats des Visuellen

Wir leben in einer Zeit der Bilder. Screens beherrschen unseren Alltag. In den Büros, auf Bahnhöfen, in Schulen und Universitäten, in Arztpraxen, in Kaffeehäusern, in den eigenen vier Wänden, überall flimmern Bilder über Bildschirme unterschiedlichster Größe. Bildschirme und das Bild sind omnipräsent. Schon in den 1980er Jahren war bei Günther Anders der Eindruck entstanden, dass die Bilder von der Realität, die uns ständig umgeben, längst wichtiger geworden sind, als die Realität selbst: „Früher hat es Bilder in der Welt gegeben, heute gibt es die Welt im Bild, richtiger: die Welt als Bild, als Bilderwand, die den Blick pausenlos fängt, pausenlos besetzt, die Welt pausenlos abdeckt." (Anders 1980: 76) Und die Wirkung der Bilder ist stark, fast magisch ziehen sie uns in ihren Bann.

Die größten Teile ihrer Freizeit, aber auch ihrer Lehr- und Lernzeit verbringen Kinder und Jugendliche in Konfrontation mit der Bilderwelt der Bildschirme. Egal, ob gelernt, gespielt, gechattet, geskypt oder gesimst wird, immer sind Bilder irgendwie im Spiel. Und auch das eigene Selbst wird den Jugendlichen zum Bild, das sie immer häufiger und intensiver betrachten, um es dann bearbeiten und gestalten zu können – mit Modeartikeln, Kosmetikpräparaten, Piercings und Tattoos und letztlich sogar mit der Hilfe der plastischen Chirurgie.

Welche Rolle kommt nun in der Zeit der Bilder dem Hören und dem Hörsinn zu? Im Gegensatz zu den Bildern, dem

Sichtbaren, das in der Zeit verharrt, sind Töne flüchtige Erscheinungen; so schnell sie kommen, so schnell sind sie auch wieder verschwunden. „Das Sichtbare verharrt in der Zeit, das Hörbare hingegen vergeht in der Zeit." (Welsch 1996: 247) Diese Flüchtigkeit und Ungebundenheit der Töne ist ihr großer Vorteil, weil sie dadurch schwerer beherrschbar sind. Im Gegensatz zum Sichtbaren an keinen materiellen Gegenstand gebunden, genießen sie eine besondere Freiheit. Demzufolge ist Musik für Theodor W. Adorno auch das Medium der Freiheit, während das Sehen ein Medium der Herrschaft ist (vgl. ebd.: 248).

Zur Wirkungsweise von Musik

Bereits Platon wusste um die magische Kraft der Musik, die in der Lage ist, die Menschen vor allem emotional zu bewegen. Er hielt die Musik für gefährlich, „weil am tiefsten in die Seele Rhythmus und Harmonie eindringen" (Ammon 2011: 24). Platon war der Überzeugung, dass die Musik starke Auswirkungen auf das Zusammenleben der Menschen habe und in letzter Konsequenz sogar die Form des Staates beeinflussen könne. Aus diesem Grund müsse sie auch staatlich kontrolliert werden. Bestimmte Tonarten, wie klagende oder weiche Töne, waren im Rahmen seines utopischen Staatsentwurfes sogar verboten, weil sie bei den Wächtern des Staates zu Verweichlichung und Schlaffheit führen könnten (vgl. ebd.: 20).

Aristoteles wies die rigorosen Zensurvorstellungen Platons in seiner Politika zurück. Er betrachtete die Musik nicht alleine im Hinblick auf ihre Zweckmäßigkeit für Herrschaft und Staat. Für ihn hatte Musik nicht nur der Erziehung von guten Staatsbürgern zu dienen, sondern auch dem Vergnügungs- und Entspannungsbedürfnis der Menschen. Im Gegensatz zu Platon billigte Aristoteles den Menschen auch das Recht auf zweckfreies

Vergnügen zu, indem er meinte, „die Lebensweise muss übereinstimmungsgemäß nicht bloß über das sittlich Edle verfügen, sondern auch über das Vergnügen" (zitiert nach ebd.: 27).

Für Friedrich Nietzsche, den Philosophen, dem ein Leben ohne Musik einfach ein Irrtum gewesen wäre, lag der Kern der musikalischen Wirkung in der Aufhebung von Identität und Individuum. Nietzsche sieht das Leben beherrscht durch die Dualität zwischen dem apollinischen und dem dionysischen Prinzip. Während Apollo für Individualität durch Schönheit und Bildung steht, manifestiert Dionysos die Aufhebung der Individualität im Rausch (vgl. ebd.: 213ff). Im Rausch der Musik entgrenzt sich der Mensch, entzieht sich der bestimmenden Macht der Rationalität und findet so zum innersten Kern der Dinge. „Wir sind wirklich in kurzen Augenblicken das Urwesen selbst und fühlen dessen unbändige Daseinsgier und Daseinslust." (Nietzsche zitiert nach ebd.: 219)

Nietzsches Prinzip des Dionysischen enthält einen großen Erklärungswert für das Verhalten von Jugendlichen in den popkulturellen Musikevents unserer Gegenwart. Im Rahmen dieser Veranstaltungen geht es für die Jugendlichen darum, sich selbst als Individuum mit seinen alltäglichen Sorgen, Nöten und Zumutungen zu vergessen, aufzugehen in einer von Emotionen bewegten Masse, sich in rauschhafte Stimmungen zu versetzen, die über das durch eine instrumentelle Vernunft beherrschte Leben in einer durchgehend regulierten und normierten Gesellschaft hinausführen, um vorübergehend die Daseinsgier und Daseinslust des freien Urwesens spüren zu können.

Das dichotomische Konzept der klassischen Ästhetik

Der populären Musik der Jugendkulturen wird im musikästhetischen Diskurs der Gegenwart nach wie vor ein geringer Wert beigemessen. Im Gegensatz zur „wertvollen" hochkulturellen Kunstmusik gilt die populäre Musik der Jugendkulturen noch immer als trivial, von niederem Wert und roh (vgl. Fuhr 2007: 33f.). Das dichotomische Konzept, in dem strikt zwischen Ernster Musik und Unterhaltungsmusik unterschieden wird, hat eine wichtige Funktion für die symbolische Demonstration von sozialer und kultureller Ungleichheit und damit für deren Stabilisierung. Pierre Bourdieu hat auf die besondere Klassifikationsfähigkeit von Musik in der Gesellschaft hingewiesen. Wie keine andere Kunstform kann Musik durch ihren ästhetischen Code die Zugehörigkeit zu bestimmten sozialen Gruppen auf der Bühne des alltäglichen Lebens zum Ausdruck bringen: „Wenn z. B. nichts eindrucksvoller die eigene ‚Klasse' in Geltung setzen hilft, nichts unfehlbarer auch die eigene ‚Klassenzugehörigkeit' dokumentiert als der musikalische Geschmack, dann deshalb, weil es auch (…) keine Praxis gibt, die annähernd so klassifikationswirksam wäre wie Konzertbesuch oder das Spielen eines ‚vornehmen' Musikinstruments." (Zitiert nach ebd.: 34)

Zudem wird Musik, die sich am Markt gut verkauft, vom traditionellen bürgerlichen Kulturbetrieb mit äußerster Skepsis beurteilt. Ganz im Sinne der alten Musiktheorie wird Musik, die für den Markt produziert wird und die noch dazu unterhält, nicht als wertvoll erachtet. An diesen traditionellen musikästhetischen Beurteilungskriterien, denen das Konzept einer autonomen Kunstmusik zugrunde liegt, orientiert sich noch heute die Subventionspolitik der europäischen Regierungen. So wird in erster Linie nicht die massenwirksame, unterhaltende Popularmusik, sondern die nur für eine kleine Zuhörerschaft interessante „ernste" Musik subventioniert. „Subventioniert wird in der Regel nicht Popularmusik, die offensichtlich vielen Menschen sehr wichtig ist, was sich daran zeigt, dass die Menschen bereit sind, ihr Geld beispielsweise für Konzertkarten auszugeben,

sondern ausgerechnet die Musik, die für wert- oder anspruchs-
voll gehalten wird, aber offenbar nur wenigen Menschen wichtig
ist, denn die Besucherzahlen von Konzerten zeitgenössischer
Ernster Musik sind erstaunlich niedrig." (Schormann 2006: 69)
Zumindest für Deutschland wissen wir recht genau, dass 90
Prozent der Menschen in einer geistigen Welt leben, in der die
Hochkultur und ihre Kunstmusik irrelevant ist (vgl. Maase, zitiert nach Fuhr 2007: 11). Ähnlich irrelevant wie die Kunstmusik
für die Mehrheit der Bevölkerung ist die populäre Musik an den
deutschen Hochschulen. In den Jahren 2006/2007 betrug der
Anteil expliziter Thematisierung im gesamten Angebot der Mu-
sikwissenschaften lediglich 13 Prozent (vgl. ebd.: 12).

Musik als populärkulturelles Kapital

Die historische Musikwissenschaft stellte bei ihrer Analyse das
Werk und den Künstler als Schöpfer des Werks in den Mittelpunkt. Im Gegensatz dazu stehen die in der zweiten Hälfte des
20. Jahrhunderts in Großbritannien aufkommenden *Cultural
Studies*. Für die VertreterInnen der Cultural Studies liegt der Si-
gnifikat eines kulturellen Produktes außerhalb seines Textes, d.
h. entscheidend für die Bedeutung eines hochkulturellen oder
populärkulturellen Textes ist nicht alleine der Autor. Viel wichtiger sind der Rezipient und der sozio-ökonomische Kontext, in
dem dieser sich befindet. Auf das Phänomen der populären, jugendkulturellen Musik übertragen, bedeutet das nun, dass die
jugendlichen Rezipienten bei ihrem Umgang mit „ihrer" Musik
eine aktive Rolle einnehmen und keinesfalls lediglich passive
Opfer einer übermächtigen Kulturindustrie sind, die sie nicht
nur ökonomisch ausbeutet, sondern auch noch im Sinne der
Aufrechterhaltung der ideologischen Hegemonie der bürgerlich-kapitalistischen Ordnung herrichtet und manipuliert.

Schon in den 1980er Jahren hat ein Vertreter der Cultural Studies, John Fiske, anhand der Aneignung des Mode- und Musikstils der kommerziellen Pop-Ikone Madonna durch junge Frauen aufgezeigt, wie diese den Bekleidungsstil und die Attitüde eines kulturindustriellen Produktes verwenden, um „eine sexuelle Identität zu finden, die im Sinne ihrer eigenen Interessen gestaltet erscheint und weniger im Interesse des dominanten Männlichen" (Fiske 2003: 106f.). Die aktiven jungen Konsumentinnen bemächtigen sich also der Artefakte der Kulturindustrie und geben diesen die Bedeutung, die in ihrem Interesse ist. „Sie [die jungen Frauen; d. V.] erschaffen ihre eigenen Bedeutungen aus den ihr zur Verfügung stehenden symbolischen Systemen, und indem sie deren Signifikanten verwenden und deren Signifikate zurückweisen oder lächerlich machen, demonstrieren sie ihre Fähigkeit, ihre eigenen Bedeutungen herzustellen." (Ebd.: 112)

Jugendliche verwenden also Elemente aus popkulturellen Diskursen und popkulturelle Artefakte, um eine eigenständige, unverwechselbare Identität zu konstruieren, und entwickeln mit Hilfe der Popularkultur auch Formen der Selbstpräsentation, mit denen es ihnen möglich wird, sich von Identitätsentwürfen und Lebensstilkonzeptionen anderer abzugrenzen. Vor allem die Musik und ihre Kultur (Stars, Mode, Frisuren, Lebensphilosophie etc.) werden dazu genutzt, um sich gesellschaftlich und in jugendkulturellen Kontexten zu verorten.

In Unterscheidung oder Ergänzung zum Begriff des „kulturellen Kapitals" bei Pierre Bourdieu hat John Fiske den Begriff des „populärkulturellen Kapitals" entwickelt (vgl. Müller u. a. 2002: 18). Kulturelles Kapital nach Bourdieu ist kulturelles Wissen, das im Zuge des Sozialisationsprozesses in der Familie und in Bildungsinstitutionen weitergegeben und angeeignet wird. Für die Zugehörigkeit zu den höheren sozialen Schichten ist der Erwerb von vor allem „legitimem kulturellem Kapital", also hochkulturellen Wissensbeständen und Kompetenzen, ausschlaggebend. Die Verfügungsgewalt über legitimes Kapital, also die Beherrschung des legitimen kulturellen Codes ist von hoher Statusrelevanz. Ein wichtiger Teil des legitimen kulturellen Codes ist die Musik. Oper, instrumentale Kunstmusik und in neuerer Zeit auch Jazz und Chanson sind die zentralen Bestandteile der legitimen Musikkultur. Im Gegensatz dazu werden Kompetenzen, die sich junge Menschen bezüglich der populären Kultur, in unserem thematischen Kontext der Pop- und Rockmusik, aneignen, weder gewürdigt noch repräsentieren sie einen Statuswert, der ihren TrägerInnen Akzeptanz in der bürgerlichen Gesellschaft verleihen würde.

Nach John Fiske besteht die innere Logik des populärkulturellen Kapitals in der Abgrenzung gegenüber dem legitimen Kapital des Bürgertums. Es verleiht seinen jugendlichen TrägerInnen Selbstbewusstsein, indem es sie zur aktiven Abgrenzung gegenüber den Trägerschichten des legitimen, hochkulturellen Kapitals ermächtigt (vgl. ebd.: 19). Zudem hat es eine wichtige Funktion, um Zugehörigkeit oder Abgrenzung in Bezug auf die verschiedenen Jugendszenen innerhalb des großen Gesamtfeldes der Jugendkultur zu demonstrieren. Populärkulturelles Kapital hat eine zentrale Funktion für die Selbstbehauptung und Akzeptanz von Jugendlichen innerhalb der szenischen Kontexte, in denen und durch die sie sich bewegen (zum Szenebegriff vergleiche Hitzler/Niederbacher 2010).

Die Aneignung von populärkulturellem Kapital erfolgt in erster Linie im Zuge der Selbstsozialisation, d. h. außerhalb der Familie und anderer pädagogischer Kontexte, innerhalb von Peergroups und Szenen. Während beispielsweise Werte, Haltungen und Verhaltensweisen mit Bezug auf die Arbeitswelt noch immer im hohen Ausmaß in traditionellen pädagogischen Kontexten vermittelt werden, erfolgt die Vermittlung von jugendkulturellen Kompetenzen, z. B. was Lebensstilfragen oder Fragen des Beziehungslebens betrifft, im Verfahren der Selbstsozialisation. In der pädagogischen Literatur wird diese dichotomische Sozialisationskonstellation häufig auch als Parallelsozialisation bezeichnet (vgl. Müller u. a. 2002: 19ff.).

Zur Funktion der Musiknutzung der Jugend

Die Musik und die sie umgebende Kultur haben für Jugendlichen eine wichtige Funktion für die Identitätsbildung und die Entwicklung von ästhetischen Selbstkonzepten. Vorbilder für mögliche Identitätskonzepte und Selbstdarstellungsmodi liefern die KünstlerInnen der von ihnen bevorzugten Musikgenres. Der Lifestyle und die Lebensphilosophie der InterpretInnen werden ganz oder partiell übernommen und im Zuge des praktischen Experiments im jugendkulturellen Alltag auf ihre Tauglichkeit hin überprüft. John Fiskes Studie über die „Madonna-Möchtegerns", die sich in den 1980er Jahren wie Madonna kleideten und auch ihre Position zum männlichen Geschlecht und zur Sexualität an Madonnas Selbstverständnis und Selbstpräsentation ausrichteten, zeigt uns, dass die kommerzielle Musikkultur durchaus auch eine gesellschaftskritische Dimension aufweisen kann. So werden durch Madonna konventionelle Repräsentationen von Frauen in der bürgerlichen Gesellschaft parodiert. Die Parodie ist ein wichtiges Mittel zur Hinterfragung der herrschenden Ideologie. Indem die Fans Madonnas diesen parodistischen Umgang ihres Vorbildes mit dem herrschenden Geschlechterdiskurs wahrnehmen und in ihrer modischen Selbststilisierung eventuell sogar praktisch nachvollziehen, werden sie selbst zum Bestandteil einer ideologiekritischen Bewegung, die die herrschende Macht zumindest auf der ästhetischen Ebene herausfordert (vgl. Fiske 2003: 110ff.).

Daneben verfügt die Musik über ein großes Potential, um die Gefühle und Emotionen der Jugendlichen zu regulieren. Jugendliche nutzen Musik, um mit ihr so genanntes „Mood-Management" (Stimmungs-Management) zu betreiben (vgl. Müller u. a. 2002: 21). Sie hören die unterschiedlichsten Musikstile, die die unterschiedlichsten Stimmungen erzeugen und ganz unterschiedliche Weltanschauungen und Lebensphilosophien repräsentieren. Sie surfen durch die Musikgenres. Je nach Situation, Stimmung und personalem Setting wird die passende Musik ausgewählt.

In der psychologischen Rezeptionsforschung unterscheidet man beim Musikkonsum prinzipiell zwischen dem Isoprinzip und dem Kompensationsprinzip (vgl. Schramm 2003: 448). Während das Isoprinzip die These stützt, dass Menschen dazu tendieren, stimmungskongruente Musik zu hören, unterstützt das Kompensationsprinzip die Auffassung, dass Menschen dazu tendieren, negative Stimmungslagen durch fröhliche Musik aufzuhellen, also zu kompensieren, oder dass Musik dabei helfen soll, z. B. Monotonieerfahrungen erträglicher zu machen. Aus diesem Grund hören Menschen bei der Hausarbeit in erster Linie aktivierende und fröhliche Musik, um dem Gefühl der Monotonie zumindest teilweise zu entgehen (vgl. ebd.). Entscheidend für die stimmungsabhängige Musikauswahl der Jugend dürfte aber sein, ob die entsprechende Stimmung, in der sie sich befindet, erwünscht ist oder nicht. Jedenfalls zeigen Untersuchungen aus dem Bereich der psychologischen Forschung, dass Jugendliche in erster Linie dann traurige Musik hören, um melancholische Stimmungen zu unterstützen, wenn sie dieser Melancholie auch etwas Positives abgewinnen können (vgl. ebd.). Interessant erscheint auch die Überlegung, dass vor allem Jugendliche aggressive Musik hören, um Wut abzureagieren, weil sie im Vergleich zu älteren

Personen „noch keine alternativen Wege der Frust- und Aggressionsbewältigung erlernt haben" (ebd.: 449).

Relevant sind in diesem Zusammenhang aber auch Überlegungen von Wolfgang Welsch, der eine Reduzierung der öffentlichen Lautmenge fordert (vgl. Welsch 1996: 257f.). Dass die Musik quasi überall spielt, führt nach Welsch dazu, dass sie als entspannendes, den Alltag transzendierendes oder kompensierendes Kulturangebot nicht mehr funktioniert: „Ich liebe diese Musik – aber sie ist eine Alternative zum Alltag, nicht ein Standard des Alltags." (Ebd.: 257) Eine Reduzierung der Musikbeschallung im Alltag legen auch psychologische Studien nahe. So wollen 73 Prozent der Menschen beim konzentrierten Arbeiten keine Musik hören, 33 Prozent ertragen Musik im Stimmungszustand der Wut oder des Ärgers nicht (vgl. Stamm 2003: 449). Nebst dem, dass die permanente Musikbeschallung für viele Menschen ein Ärgernis ist, wird der Musik durch ihre Omnipräsenz im Alltag der Menschen das besondere Moment genommen. Auch eine Flucht in eine andere, alternative Welt der musikalischen Empfindsamkeit ist nicht mehr so leicht möglich, wenn die Musik allgegenwärtig geworden ist, es vor ihr quasi kein Entkommen mehr gibt. Wenn Musik omnipräsent ist, taugt sie nicht mehr als symbolisches Material zur Konstruktion einer alternativen oder Gegenwelt.

Die präsentative Symbolik der Musik

Die Kommunikation der Jugend ist in ihren Grundzügen abseits der diskursiven Symbolik und Logik angesiedelt. In ihrem Zentrum stehen das Bild und dessen „präsentative Symbolik" (vgl. Langer 1984: 86ff.). Jugendkommunikation argumentiert nicht, versucht nicht, durch diskursive Sprachspiele zu überzeugen. Vielmehr setzt sie auf die Verführungskraft des Bildes, auf die

Kraft der Verlockung von Ritualen und Inszenierungen. Somit sind die Jugendkulturen in ihrer Mehrheit nicht Kulturen, in denen es um die sprachliche Vermittlung von Denkprozessen geht, sondern Kulturen des Verstehens und Einfühlens. Weite Bereiche der Jugendkultur sind eskapistische, neoromantische Gefühlskulturen.

Typisch dafür im Feld der Musik-Kulturen ist die neoromantische Gothic-Szene. Die Gothic-Szene ist von Menschen geprägt, die sich kreativ-künstlerisch verwirklichen wollen. Hier wird viel gelesen, von der postmodernen Fantasy-Literatur bis zu E. T. A. Hoffmann, der eine oder die andere schreibt Gedichte, es wird romantische Musik von *The Cure* oder *Within Temptation* gehört, die Vergangenheit ist vielen wichtiger als die Zukunft: Mit großer Hingabe beschäftigt man sich mit dem Mittelalter und entsprechend stilisierten historischen Rollenspielen. Neben den vergangenheitsorientierten Romantikern findet sich in der Gothic-Szene auch eine Fetisch-Strömung, deren AnhängerInnen sich in körperbetonten, sexuell konnotierten Lack- und Lederoutfits präsentieren. Sexualität wird fantasievoll inszeniert und mit Hilfe von Fetisch-Outfits auch in sexuell weitgehend neutralisierten Alltagssituationen thematisiert. Die Mitglieder der Szene haben eine hohe Kompetenz, wenn es um modische Selbstinszenierung geht. Die Szene ist geprägt von einer ästhetischen Lebensweise, im Rahmen derer es sich als tägliche Aufgabe stellt, innere Zustände mit Hilfe einer ästhetischen Symbolik in der Außenwelt wahrnehmbar zu machen.

Die amerikanische Philosophin Susanne K. Langer hat zwischen zwei Modi des Symbolischen unterschieden: der präsentativen und der diskursiven Symbolik. Während es im Modus der diskursiven Symbolik um die logische Vermittlung von in Sprache gefassten Denkprozessen geht, verweist der Begriff der präsentativen Symbolik auf einen Symbolismus, „der unserem rein sensorischen Sinn für die Formen entspringt" (ebd.: 99).

Die Musik lässt sich in den Kontext der „präsentativen Symbolik" einordnen und spielt dementsprechend eine wichtige Rolle in der auf Intuition, nicht-begriffliche Kommunikation und ästhetische Selbstinszenierung aufbauenden postmodernen Jugendkultur. Denn die Musik wirkt sinnlich unmittelbar und wird intuitiv verstanden (vgl. Baacke 1997: 54). Sie gehorcht nicht den Regeln sprachlicher Diskursivität. Vielmehr wirkt sie auf den Menschen, indem sie dessen Körper direkt erfasst, Emotionen und Affekte auslöst und am Ende sogar dazu in der Lage ist, die Auflösung der menschlichen Individualität im Rausch vorübergehend zu bewirken.

Die beliebtesten Musikgenres

Seit den 1980er Jahren zeigen sich in der populären Kultur deutliche Tendenzen der Ausdifferenzierung. Die neue Unübersichtlichkeit, die Jürgen Habermas für Politik und Gesellschaft postulierte, hat längst auch die Jugendkultur erfasst. Unterhalb des musikindustriellen Mainstreams, der über Spartenkanäle wie MTV, VIVA und populäre Radiostationen vermittelt wird, tut sich ein breites Feld an Musikstilen, MusikproduzentInnen, Labels, Künstleragenturen, Webcommunitys, Spartenradios etc. auf. Alle jene Jugendlichen, denen die gecasteten Superstars von Dieter Bohlen & Co. nicht genügen – vor allem aber die aus den bildungsnahen Schichten –, steigen in den häufig über das www kommunizierenden musikalischen „Underground" ein, in dem ein oft wirres Nebeneinander von Stilen und Interpreten einen undurchschaubaren Markt geschaffen hat, „auf dem sich neben den wenigen Chart-Künstlern auch tausende Independent-Labels tummeln, deren Angebot von versierter Electronica über

Post-Punk bis zum Songwriter-Folk reicht" (Büsser 2007: 31). In diesem Zusammenhang stellt sich die Frage, ob die Krise der Musikindustrie vielleicht nicht doch eher auf das Abwandern der anspruchsvolleren HörerInnenschaft in diese Nischen zurückzuführen ist als auf das illegale Kopieren von Musik im www.

Zudem ist die postmoderne Popkultur heute stark lokal geprägt. Sie ist dezentral geworden und gleichzeitig international vernetzt, und zwar nicht aufgrund von Musikfernsehen und anderen Medien aus der Sphäre der „mediatisierten Quasi-Interaktion" (vgl. Fuhse/Stegbauer 2011), sondern aufgrund des Internets und des Web 2.0. Und so treffen wir im Netz „auf Hip-Hop-Gruppen aus St. Gallen, die in Schweizerdeutsch rappen und sich zugleich von ausländischen Künstlern remixen lassen, wir treffen auf Plattenlabels, die gar keine Tonträger mehr veröffentlichen, sondern ihr komplettes Programm als Download zur Verfügung stellen, wir finden Heavy Metal aus Tel Aviv und neuerdings Punk aus China" (Büsser 2007: 32).

Vor einer dermaßen unübersichtlichen und über weite Strecken kleinteiligen Genrelandschaft muss die quantitative Sozialforschung kapitulieren. Erfassbar erscheint lediglich der mit Hilfe von großem medialen Druck vermittelte Mainstream, das große Feld des quantitativ wahrscheinlich tatsächlich schon weitaus relevanteren „Undergrounds" muss weitgehend im Dunklen bleiben.

Betrachten wir trotz dieser methodischen Vorbehalte das Musikgenre-Interesse der österreichischen Jugend quantitativ (für Deutschland ergeben sich ähnliche Werte), so zeigt sich, dass die beiden indifferenten und vieldeutigen Begriffe „Pop" und „Rock" die größte Zustimmung erreichen, wenn man Jugendliche nach ihrer Musikpräferenz fragt. Eine mögliche Interpretation dieses Ergebnisses besteht darin, dass sich hinter diesen Begriffen in erster Linie die indifferenten MainstreamhörerInnen sammeln, d. h. die Gruppe jener jungen Menschen, die sich im Prinzip eigentlich wenig für Musik interessieren, für die Musik nicht mehr ist als das Hintergrundgeräusch ihres Alltagslebens.

Ein Drittel der 11-19-jährigen ÖsterreicherInnen zählt House zu seinen Lieblingsgenres. House ist damit die gegenwärtig quantitativ größte musikkulturelle Mainstreamerscheinung. Unter dem Begriff „House" firmiert im weitesten Sinne alles das, was in der Mainstream-Club- und Diskotheken-Kultur abgespielt wird. Auch noch immer bedeutsam, aber bei weitem nicht mehr so wie vor fünf Jahren, ist das Black-Music-Segment mit internationalem HipHop und Soul. In diesem Interessensfeld sammeln sich vor allem weibliche Jugendliche und Jugendliche aus bildungsfernen, urbanen Milieus. Ein Übergewicht unter den Bildungsschichten und den weiblichen MusikhörerInnen findet sich im Segment der Independent- und Alternative-HörerInnen. Circa ein Fünftel der unter zwanzigjährigen ÖsterreicherInnen verortet sich in diesem musikkulturellen Feld. Unter ihnen findet sich ein überproportional großer Anteil an *FM4*-HörerInnen und *Spex*-LeserInnen. Interessant: Ca. 15 Prozent der Befragten hören auch Jazz und Klassik. Es ist naheliegend, dass dieses Segment sich vor allem aus Angehörigen aus dem Milieu der urbanen, bildungsnahen Mittelschichten zusammensetzt. Es ist aber auch ein deutliches Zeichen dafür, dass die dichotomische Trennung zwischen U-und E-Musik in Auflösung begriffen ist, dass zumindest die Grenzen zwischen diesen Genres poröser werden. Anstelle eines auf soziokulturelle Distinktion und Gruppenzugehörigkeit gerichteten „Entweder/oder" scheint ein durch größeren Musikverstand und größere musikkulturelle Offenheit geprägtes „Sowohl/als auch" zu treten (vgl. tfactory 2011a).

Musik und Politik

In den 1960er Jahren war die Popkultur noch revolutionär. Selbst die eher angepassten *Beatles* sangen über die Revolution. Die Popkultur und ihre Musik dienten den aufbegehrenden Jugendlichen als Lebensmodell zur Abgrenzung gegenüber einer als überkommen und verbraucht empfundenen Gesellschaft (vgl. ebd.: 26). Und die Popmusik war ein Symbol des linken Protestes, wichtiger für die antiautoritäre Bewegung als alle linken Theorien und Theoriezirkel. Klaus Theweleit, Kulturwissenschafter und aktiver Zeitzeuge der '68er Revolte: „Popmusik war natürlich zuerst da. Die blauen Bände [Marx-Engels-Werkausgabe; d. V.] sind überhaupt nicht das Zentrum dessen, was sich Ende der 60er Jahre links nennt oder links wird. Das ist die Zutat." (Zitiert nach ebd.: 25)

Die Jugendlichen lehnten sich gegen traditionelle Autoritäten auf. Im Zentrum der Kritik standen die totalen Institutionen, die „Einschließungsmilieus", die den ganzen Menschen ohne wenn und aber zu erfassen versuchten, die Relikte einer nicht mehr zeitgemäßen Disziplinargesellschaft (vgl. Deleuze 2011: 5ff.). Vor allem Militär, Polizei, Erziehungsheime, psychiatrische Kliniken, Schulen, Universitäten und die bürgerliche Familie wurden grundsätzlich in Frage gestellt. Im Gegensatz zur restriktiven Triebökonomie der bürgerlichen Gesellschaft wurde ein gleichsam dionysisches Konzept des rauschhaften Auslebens von Triebbedürfnissen propagiert. Das zentrale Ziel der kulturrevolutionären Befreiungsideologie der 1968er war die Sexualität. Ziel ist es, das Realitätsprinzip durch das Lustprinzip zu ersetzen.

Diskutiert wurde in erster Linie untereinander, auf Vietnamkonferenzen und Teach-Ins. Die Auseinandersetzung mit der Mütter- und Vätergeneration wurde vor allem präsentativ-symbolisch geführt, mit konfrontativen, kreativen Aktionen, herausfordernden Outfits, langen Haaren, einem sexuell freizügigen Leben in Kommunen und nicht zuletzt mit provokanter Beat- und Rockmusik von Jimy Hendrix, den *Beatles*, den *Rolling Stones und* den *Doors.*

In der Nachfolge der '68er Bewegung stehen Musikstile wie Punk und zum Teil auch HipHop. Auch sie repräsentier(t)en eine Haltung des Widerstandes gegenüber der herrschenden Macht und hegemonialen bürgerlich-kapitalistischen Diskursen. Popmusik als Trägerin einer Kultur des Widerstandes ist mit der Kommerzialisierung des Techno erledigt. Mit Slogans wie „Friede, Freude, Eierkuchen" zog eine fröhlich feiernde Spaßgemeinschaft im Zuge der Love Parade jährlich durch Berlin und wollte nichts anderes als den kurzen Alltagsflip am Wochenende, um dann am Montag wieder angepasst in den Lern- und Arbeitsalltag zurückzukehren. Die Popkultur ist zur Kompensations- und Fluchtkultur geworden. Ab nun ist alles ins kulturindustrielle System integriert. Selbst gesellschaftskritische popkulturelle Beiträge werden von der Musikindustrie aufgegriffen und vermarktet. Es gibt keinen Grund mehr, dass sich das Establishment vor kritischen Statements aus der Popkultur fürchtet. Alles ist nur noch ein Spiel mit Stilen, Symbolen, Äußerlichkeiten. Jugendkultur ereignet sich nur mehr als ästhetisches Schauspiel, längst ist sie keine materielle politische Kraft mehr. Popmusik wird in die Wahlkämpfe von Spitzenpolitikern aller Parteien integriert. „Pop ist nicht mehr Provokation, sondern wird zum Ausdruck westlicher Grundwerte wie Freiheit und Selbstbestimmung." (Büsser 2007: 30) Mit einem Mal sind die Politiker die größten Popstars und nicht mehr die InterpretInnen von Rock-, Pop-, House- und HipHop-Musik.

Gänzlich absorbiert wird der letzte Rest an kritischer Energie der Popkultur im Zuge des Aufkommens der „performativen

Ökonomie" in den 1990er Jahren. Jetzt geht es nicht mehr darum, durch Leistung zu glänzen, sondern die gesellschaftlichen Statusmerkmale haben sich von der Leistungserbringung zum Leistungsverkauf verschoben (vgl. Neckel 2008: 45ff.). Prämiert wird nun vor allem der Markterfolg, nicht die Arbeitsleistung. Das Prinzip der „performativen Ökonomie" liegt den postmodernen Casting-Shows zugrunde, die die wichtigsten medialen Träger der Mainstream-Popkultur geworden sind. In ihnen zählt nicht mehr künstlerische Kreativität, der individuelle, eigenständige und innovative Künstler und sein Werk, sondern die Fähigkeit zur Imitation und Affirmation. Wer der Jury brav gehorcht und erfolgreiche Hitproduktionen am besten zu imitieren versteht, der gewinnt und wird am Ende der Superstar der nächsten drei Monate.

Musikszenen als Lernorte

Wie wir gesehen haben, haben sich Musikindustrie und Musikkultur voneinander getrennt. Während die Musikindustrie in erster Linie den oberflächlichen Mainstream bedient, ereignen sich Musikkulturen in der vielfältigen und bunten Nischenwelt kleiner Labels, Agenturen etc., die vor allem im Internet repräsentiert ist. Doch sowohl die Mainstreamkultur der Musikindustrie als auch die Nischenkultur der alternativen und Indie-Szene liefern Ressourcen für junge Menschen, auf die sie zurückgreifen können, um Identitäten auszubilden und Selbstbilder zu konstruieren, um sich jugendkulturellen Gruppen, Szenen und Milieus zuzuordnen oder sich von diesen abzugrenzen und um durch die Neukombination und Umdeutung von popkulturellen Zeichen und Symbolen Widerstand gegen herrschende Diskurse, Rollenfestlegungen und ästhetische Konzepte zu leisten.

Aber Musikkulturen stellen nicht nur Ressourcen bereit, die der Identitäts- und Persönlichkeitsbildung dienlich sind. Musikszenen sind auch Lernorte, an denen Wissen vermittelt wird, das für die spätere Berufsrolle und Berufspraxis von Jugendlichen durchaus nützlich sein kann. Ronald Hitzler und Michaela Pfadenhauer weisen darauf hin, dass junge Menschen in der Postmoderne immer weniger damit rechnen können, dass ältere, erwachsene Leute brauchbare Lösungen für ihre Probleme bereithalten. Auch die Bildungsprogramme herkömmlicher Agenturen der Sozialisation wie schulische Ausbildungsgänge, Jugendverbände, politische und kirchliche Organisationen und die Familie können den existenziellen Fragen der Jugend immer weniger gerecht werden. „In diesen Programmen finden Jugendliche typischerweise weder mehr ihnen brauchbar erscheinende Vorgaben zur sinnhaften Abstimmung und Bewältigung ihrer lebenspraktischen Probleme, noch finden sie dort zuverlässige Anleitungen zur Passage gegenwärtiger und künftiger Lebensphasen." (Hitzler/Pfadenhauer 2007: 54)

Insbesondere in Jugendszenen suchen Jugendlichen nun das, was sie in dem Ensemble der traditionellen Sozialisationsagenturen nicht mehr finden: „Verbündete ihrer Interessen, Kumpanen für ihre Neigungen, Partner ihrer Projekte, Komplementäre ihrer Leidenschaften (…)." (Ebd.) Damit sind Jugendszenen, vor allem die Musikszenen, nicht nur als Orte für Action, Unterhaltung und Freizeitvergnügen definiert, sondern auch als Orte, an denen sich maßgebliche Kompetenzbildungsprozesse, sowohl was alltagspraktisch relevantes als auch berufspraktisch verwertbares Wissen und Fertigkeiten betrifft, ereignen können.

Viele UnternehmensgründerInnen im Bereich der musikkulturellen Nischenkultur oder aber auch MitarbeiterInnen der großen Musiklabels in Deutschland und Österreich haben einen großen Teil ihrer berufsrelevanten Kompetenzen ihrem Engagement im informellen Raum der Musikszenen zu verdanken. Trotzdem werden aufgrund eines von staatlichen Institutionen vertretenen „engen Qualifikationsbegriffs", der nur die Qualifikationsnachweise aus formellen Bildungs- und Ausbildungsmaßnahmen akzeptiert, informelle Bildungsprozesse nach wie vor ausgeblendet. Möglicherweise liegt das daran, dass der populären Musikkultur als „nicht-legitime" Kultur nicht jener Wert beigemessen wird, den hochkulturelle Institutionen wie Opernhäuser, Theater und Konzerthäuser und ihre Produktionen nach wie vor wie selbstverständlich genießen.

FREIZEIT ALS ZEIT DER SELBSTBESTIMMUNG?

DIE FREIZEITORIENTIERUNG JUGENDLICHER IN DER MARKTGESELLSCHAFT

Jugend als lebenslange Aufgabe?

In der traditionellen Jugendforschung galt die Jugend als die Phase des Übergangs von der Kindheit ins Erwachsenenalter. Das Ende der Jugendphase war dann erreicht, wenn zentrale Entwicklungsaufgaben, wie eine gelungene berufliche Integration, die Erreichung der finanziellen und organisatorischen Unabhängigkeit vom Elternhaus, die erfolgreiche Familiengründung etc., gelöst waren. Bald stellte sich aber heraus, dass sich die Lösung von Entwicklungsaufgaben und die Gestaltung von Übergängen von der Kindheits- und Jugendphase zu entkoppeln begannen.

Übergangsphasen gelten heute als biographisch querverteilt, „begegnen den Menschen episodenhaft auf verschiedene Lebensabschnitte verteilt" (vgl. Thole 2010: 727). So erfolgt die Familiengründung oft verspätet, wird in die mittlere biographische Lebensphase abgedrängt, oder sind Fünfzigjährige in Zeiten des lebenslangen Lernens plötzlich gefordert, sich in ein völlig neues Berufsfeld zu integrieren. Es gibt keine Garantie mehr dafür, dass Entwicklungsaufgaben ein für alle Mal gelöst und abgehakt werden können. So manche als gelöst betrachtete Aufgabe stellt sich plötzlich wieder in neuer Gestalt und unter neuen Rahmenbedingungen.

So wie die Jugendphase mit ihren Entwicklungsaufgaben nicht mehr eindeutig von einer Erwachsenenphase abzugrenzen ist, so gibt es auch keine jugendtypische Art und Weise mehr, seine Freizeit zu verbringen, die sich mit phänomenologischer Schärfe vom erwachsenen Freizeitverhalten abgrenzen ließe. Man trifft heute Fünfzigjährige auf einem Rockkonzert und die 45-jährige Mutter fährt mit ihrem zwanzigjährigen Sohn zum Snowboarden in die Alpen. Umgekehrt gehen Sechzehnjährige auch einmal gern in eine klassische Theateraufführung und der Vater ist vielleicht verwundert, wenn plötzlich aus dem Zimmer seiner jugendlichen Tochter Mahlers 8. Symphonie erklingt. Die Konturen zwischen den Generationen verschwimmen, werden undeutlich, vor allem, wenn es um kulturelles Verhalten und lebensstilistische, alltagsästhetische Praxen geht. Alles scheint sich beliebig zu vermischen, früher streng Getrenntes wird neu, oft auf eigenartige, ja skurrile Weise miteinander verbunden und alte Verbindungen lösen sich oder werden gelöst.

Freizeit – eine Erfindung der Moderne

Freizeit in der heutigen Form ist eine Erfindung der Moderne, „setzt sie doch die Trennung von verpflichtenden, zumeist durch abhängige, produktionsfunktionale Erwerbsarbeit angefüllte oder schulisch gebundene Zeitkontingente sowie frei gestaltbaren Zeiteinheiten voraus" (ebd.: 738). Was sich in den letzten 150 Jahren verändert hat, betrachtet man die quantitative Entwicklung der Kontingente an frei verfügbarer Zeit, sollen einige Beispiele verdeutlichen:

- In den letzten 150 Jahren hat sich die jährliche Lohnerwerbsarbeitszeit der berufstätigen Jugendlichen von 3.929 Stunden im Jahr 1850 auf 1.600 Stunden in den 2000er Jahren mehr als halbiert.
- Verfügten Jugendliche in den 1930er Jahren über 6 bis 10 Urlaubstage pro Jahr, so stehen ihnen in unserer Zeit mehr als dreimal so viele Urlaubstage zu.
- Und SchülerInnen können gegenwärtig mit ca. 90 schulfreien Tagen planen. (Sämtliche Beispiele ebd.)

Seit drei Jahrzehnten weist die frei gestaltbare Zeit für Jugendliche ein konstantes Niveau auf. Im Durchschnitt können Jugendliche an Werktagen über vier bis acht Stunden Freizeit verfügen, an Samstagen über 8 und an Sonntagen über 10 Stunden. Es zeigt sich aber auch, dass die Jugend an der Verkürzung der wöchentlichen und jährlichen Arbeitszeit der zurückliegenden 20 Jahre nicht mehr partizipieren konnte (vgl. ebd.).

Freizeit als Zeit der Selbstbestimmung

Freizeit ist für Jugendliche eine Zeitspanne, in der sie die Chance zur Selbstbestimmung und Selbstverwirklichung haben (vgl. Ferchhoff 2007: 326ff). Freizeit ist damit vor allem eine Zeit, in der relativ uneingeschränkt erlebt und gelebt werden kann. Durch ihre relative Freiheit grenzt sich die Freizeit von der meist fremdbestimmten Berufs- und Lernzeit ab. Freizeit wird von vielen Jugendlichen vor allem dazu genutzt, um sich der Kontrolle durch Eltern und pädagogische Institutionen zu entziehen (Schäfers/Scherr 2005: 142). Im Vergleich zur Berufs- und Lernzeit sind die sozialen Zwänge und die normativen Erwartungen in der Freizeitsphäre bei weitem nicht so groß (Hurrelmann 2005: 135ff). In der Freizeit können sich Jugendliche frei fühlen. Sie ist ein Zeitraum, in dem autonom und selbstbestimmt gehandelt werden kann, in dem experimentelles Handeln bis hin zum Normen- und Tabubruch möglich ist. Obwohl es in der auf Sensationen gerichteten Medienberichterstattung häufig anders erscheint, gehören aber Tabubruch und Subversion nicht mehr zu den wichtigsten Handlungsmotiven und Zielen der postmodernen Jugendkulturen. Die Jugend der Gegenwart erscheint im Vergleich mit ihren AltersgenossInnen der 1960er, 1970er und 1980er Jahre stiller, unauffälliger und angepasster, und die Folge ist, dass auch ihr Freizeitstil weniger aufbegehrend, widerständig und herausfordernd ist (Großegger/Heinzlmaier 2007: 28).

Jugendliches Freizeitverhalten unter marktgesellschaftlichen Bedingungen

Die fortschreitende Unterordnung der Gesellschaft unter den Markt und seine Gesetzmäßigkeiten hat tiefe und weitreichende Auswirkungen auf die moralischen und kulturellen Rahmenbedingungen, unter denen das Alltagshandeln junger Menschen stattfindet. So werden auch in den Peergroups und den juvenilen Szenen ökonomische Erfolgskriterien zur Grundlage des Erwerbs von sozialen Positionen und dem Aufbau von Prestige. Damit wird der Freizeit der kulturelle Stempel der Leistungsgesellschaft aufgedrückt. Nunmehr hat auch das Handeln der jungen Menschen in der Freizeit der ökonomischen Logik des kapitalistischen Steigerungsspiels zu folgen. Immer weiter, immer größer, immer höher ist das Grundprinzip der marktwirtschaftlichen Freizeit- und Erlebnisgesellschaft (vgl. Schulze 2004).

Wer ist der „Styler", der am besten performt? Wer hat das schnellste Auto? Wer kann die besten Tricks auf dem Snowboard? Wer hat die meisten Freunde auf facebook? Wie in der Konkurrenzkultur der Arbeitswelt muss es nun auch in der Freizeitwelt ein Oben und ein Unten, ein Drinnen und ein Draußen, GewinnerInnen und VerliererInnen geben. Und genau so wenig wie in der Arbeitswelt wird damit in der Freizeit solidarisches und gemeinschaftsorientiertes Handeln positiv sanktioniert. Im Gegenteil, wer den anderen übertrumpft, aus dem Feld schlägt, wer ein Gewinner ist, der ist der Gute. Und der einfühlsame, empathische, uneigennützige, egalitäre Menschenfreund gibt die Vorlage für den ewigen Loser ab. In der hochgradig wettbewerbsorientierten Freizeitsphäre geht es in erster Linie um die perfekte Self-Performance und außergewöhnliche, einzigartige Erlebnisse von hoher Intensität. Der Wert dessen, was man erwirbt und erlebt, sei es noch so intensiv und außergewöhnlich, verfällt aber in dem Augenblick, in dem man es in Händen hält oder in dem es geschieht. Die Fähigkeit zum Ankommen, zur Zufriedenheit mit dem Erreichten, ist der Jugend verloren gegangen. Die Verantwortung dafür tragen die Erwachsenen. Eltern haben es ihren Kindern, LehrerInnen ihren SchülerInnen und PolitikerInnen ihren WählerInnen beigebracht, förmlich eingehämmert: In der Leistungs-, Konkurrenz- und Erlebnisgesellschaft darf man sich niemals mit dem zufrieden geben, was man gerade erreicht hat. Nach vorne schauen, Grenzen nicht akzeptieren, sie, wenn es geht, überschreiten, ständig auf der Suche nach dem Neuen sein und das Alte so schnell wie nur möglich vergessen, das ist die Grundhaltung, die in einer Marktgesellschaft belohnt wird.

Die Jugend kopiert und perfektioniert lediglich das Freizeitverhalten der Erwachsenen oder vollzieht praktisch die Ideen und Werte, die sie im Zuge ihrer Sozialisation internalisieren musste, wenn sie ihr Heil in ständiger Innovation durch Konsum und Erfüllung durch emotionale Grenzüberschreitungen sucht. Und dazu kommt der tägliche Druck aus der Gleichaltrigengruppe und den Medien. Wer nicht Aufsehen erregend performt, wer nicht ständig neue Statussymbole vorweisen und mit außergewöhnlichen Erlebnissen, die sonst keiner hat, protzen kann, dessen Leben verläuft in unserer Gesellschaft unterhalb der Wahrnehmungssphäre der Anerkannten und Erfolgreichen. Und wen es einmal in die sozialen Regionen der Looser verschlagen hat, der ist voraussichtlich dauerhaft dazu verurteilt, ein Leben im Kreise der unnützen und bedeutungslosen Outcasts zu führen.

Georg Simmel hat als tiefstes Problem des modernen Lebens den Anspruch des Individuums gesehen, „die Selbständigkeit und Eigenart seines Daseins gegen die Übermächte der Gesellschaft, des gesellschaftlich Ererbten, der äußerlichen Kultur und Technik des Lebens zu bewahren" (Simmel 2010: 241). Die Jugend unserer Zeit versucht, die Selbständigkeit und Eigenart ihres Daseins, d. h. ihre Individualität und Unabhängigkeit gegenüber einem immer über- und eingriffiger werdenden gesellschaftspolitischen Ordnungsregime, durch Rückgriff auf das Angebot der kommerziellen Mode zu verteidigen. Sie folgt den immer schneller und nervöser verlaufenden modischen Strömungen mit zunehmender Rastlosigkeit und Unruhe. Werner Sombart hat bereits zu Beginn des 20. Jahrhunderts darauf hingewiesen, dass der ständige Wechsel der kommerziellen Moden einen am Dauerhaften, Festen und Soliden desinteressierten Menschen geschaffen hat. Im Gegensatz dazu ist ein Menschentypus entstanden, der von einem fast grenzenlosen Abwechslungsbedürfnis geprägt ist und dem darüber der Respekt und die Achtung vor allem Alten und Ererbten verloren gegangen zu sein scheint. „Wir wollen den Wechsel unserer Gebrauchsgegenstände. Es macht uns nervös, wenn wir ewig ein und dasselbe Kleidungsstück an uns oder unserer Umgebung sehen sollen. Ein Abwechslungsbedürfnis beherrscht die Menschen, das oft geradezu zur Rohheit in der Behandlung alter

Gebrauchsgegenstände ausartet." (Sombart, zitiert nach Bosch 2010: 114) Dieser Wertewandel, der im Kern in der Entwertung von Tradition und Kontinuität und in der Aufwertung von Diskontinuität und permanentem Wandel besteht, ist ein Grundprinzip der modernen Mode. Dieses Grundprinzip ist die treibende Kraft im kapitalistischen Konsumgütermarkt, der davon lebt, dass er die Konsumenten in ein „wahres Neuerungsfieber" (ebd.: 115) stürzt.

Die rasenden Modewechsel, denen die Jugendlichen förmlich gezwungen sind zu folgen, weil die Aneignung der Artefakte der Modeindustrie ihnen als die wichtigste Möglichkeit erscheinen, ihre Individualität gegenüber den Zumutungen eines ordoliberalen Staates und seiner Ideologie zu verteidigen, hält sie in dauerhafter Abhängigkeit zu den Konsumgütermärkten und ist damit die Grundlage für die Herstellung von stabilen Bindungen der jungen Konsumenten an Konsumentenmarken, die ihnen nicht nur ein distinktives Image, sondern auch Lebenssinn, Glück und Zufriedenheit versprechen.

Freizeit als Artikulationsraum ästhetisch geprägter Jugendkulturen

Während die personelle Basis der Jugendkultur die Peergroup darstellt, ist die Freizeit deren zeitliche Grundlage (vgl. Schäfers/Scherr 2005: 142). In der Freizeit sollte es, aus der Perspektive der Jugendlichen betrachtet, in erster Linie um „Sozialintegration" gehen, um individuelle Präferenzen und Zwecke, um Autonomie und Selbstbestimmung, in Differenz zur primär fremdbestimmten Zeit der „funktionalen Integration" (vgl. Gorz 2010: 109), die in Bildungsinstitutionen und in der Arbeitswelt verausgabt werden muss. In Abwandlung eines Satzes von Andre Gorz könnte man sagen, dass das Freizeitleben zur

Negation des Lebens außerhalb der Freizeitwelt geworden ist und umgekehrt (vgl. ebd.: 107). Wesentlich ist insbesondere der expressive Charakter der Freizeit. Die Freizeit ist für Jugendliche der bevorzugte Artikulationsraum für ihre kulturellen Ambitionen, es ist jener in der Regel öffentliche Raum, in der sich die Kultur der Jugendlichen am deutlichsten zeigt (vgl. Silbereisen u. a. 1996: 261).

Die Jugendkulturen, die sich in der Freizeit manifestieren, sind ästhetisch geprägte Kulturen, d. h. Kulturen, die das sinnlich Wahrnehmbare in den Mittelpunkt stellen. Diese Jugendkulturen sind jedoch mehrheitlich nicht grob sinnlich. Es sind Kulturen, die das Sinnliche kultivieren, denen eine Tendenz zu Überformung, Überhöhung und Veredelung des Sinnlichen innewohnt (vgl. Welsch 1996: 25). Jugendkulturelle Gemeinschaften wie Styler, Skateboarder, HipHopper, Gothics, Punks etc. investieren viel Zeit und Energie in die Umsetzung eines genau festgelegten, nach teilweise komplexen Regeln definierten körperlichen und modischen Erscheinungsbildes.

Dieser starke Bezug vieler Jugendkulturen zur Ästhetik des eigenen Selbst ist auch dem Umstand geschuldet, dass die Jugendkulturen zum großen Teil Empfindungs- und Wahrnehmungskulturen sind. Ihre TeilnehmerInnen versuchen, einander über Strategien des Einfühlens und Verstehens nahe zu kommen. Über Körperbild und modische Inszenierungen werden Werte, Weltanschauungen und Lebensphilosophien symbolisch zum Ausdruck gebracht. Es geht dabei darum, sich der jugendkulturellen und der Gesamtöffentlichkeit mitzuteilen, indem man Bilder und ästhetische Gestaltungen anbietet, die zum Verstehen von persönlichen Identitäten und Images über die visuelle Wahrnehmung einladen.

Freizeit und posttraditionelle Gemeinschaftsformen

Die Freizeit vieler Jugendlicher spielt sich zunehmend außerhalb von traditionellen Institutionen ab. Wenn sie im Entwicklungsverlauf vom Kind zum Jugendlichen die erste Möglichkeit sehen, brechen sie häufig aus traditionellen Strukturen aus und wenden sich informellen, posttraditionalen Gemeinschaftsformen zu (vgl. Hitzler u. a. 2005). Posttraditionale Gemeinschaftsformen nehmen mehr Rücksicht auf die Freiheits- und Selbstverwirklichungsbedürfnisse des Individuums. „Der entscheidende Unterschied dieser (...) Vergemeinschaftungsangebote gegenüber herkömmlichen Gesellungsformen besteht im Wesentlichen darin, dass die Teilhabe an ihnen nicht mit den in traditionalen und traditionellen Gemeinschaften üblichen Bindungen und Verpflichtungen einhergeht." (Hitzler u. a. 2008: 55)

Schon seit den 1960er Jahren wissen wir, dass sich die Freizeit der Jugendlichen verstärkt aus der institutionellen Gebundenheit heraus und in informelle, offen strukturierte Gruppenkontexte hinein verlagert. Entscheidende Auslöser für diesen Prozess sind die Erhöhung des Lebensstandards, die Zunahme der arbeitsfreien Zeit, die Angebotsexplosion am Konsumgütermarkt und das Entstehen eines Erlebnismarktes gewesen (vgl. Schulze 2005). Genau in dem Zeitraum, als sich diese grundlegenden sozioökonomischen Veränderungen zum ersten Mal stark manifestierten, also zwischen den 1960er und den 1980er Jahren, zeigt sich ein deutlicher Anstieg der Integration von Jugendlichen in informelle Netzwerke. Gaben im Jahr 1964 50 Prozent der deutschen Jugendlichen an, ihre freie Zeit regelmäßig oder öfter in informellen Freundesgruppen zu verbringen, so waren es im Jahr 1984 bereits 75 Prozent (Krüger 1993: 461f).

Die Freizeit ist für Jugendliche auch eine Zeit, in der sie sich der Kontrolle durch Erwachsene und pädagogische Institutionen entziehen wollen (Schäfers/Scherr 2005: 146). Die fernab der Erwachsenenkontrolle stattfindenden posttraditionalen Formen der Vergemeinschaftung, für die sich im jugendsoziologischen Kontext die Bezeichnung „Szene" eingebürgert hat, bieten eine gute Möglichkeit, das eigene Leben unabhängig von Erwachsenen aktiv zu gestalten, emotional befriedigende Erlebnisse zu haben und sich kreativ unter Verwendung jugendkultureller Symboliken selbst zu inszenieren. Dementsprechend kann es kaum verwundern, dass die Mehrheit der Jugendlichen den Wunsch hat, dort möglichst viel Zeit verbringen zu können (vgl. Schäfers/Scherr 2005).

Die Jugendszenelandschaft heute

Die Szenelandschaft stellt sich heute vielfältig und breit ausdifferenziert dar. Die gesamte Szenewelt ist ständigen Wechseln und permanenten Wandlungen unterworfen, wobei man aber sagen kann, dass vor allem quantitativ bedeutende Szenen oft über lange Zeiträume hinweg in ihren organisatorischen Grundstrukturen und ästhetischen Basismustern stabil bleiben. Dies hängt nicht zuletzt mit den wirtschaftlichen Interessen großer Consumer-Marken zusammen, die aufgrund ihrer quantitativen Marktbedeutung diese Szenen mit gewaltigem PR- und Werbeaufwand so lange am Leben halten, so lange man mit ihrer Hilfe gute Profite erzielen kann.

In Österreich und in Deutschland fühlen sich mehr als drei Viertel der 11-29-Jährigen einer informellen jugendkulturellen Gemeinschaft oder Szene zugehörig (vgl. tfactory 2008a u. 2008b, Institut für Jugendkulturforschung 2007, Großegger/ Heinzlmaier 2002 u. 2007, Silbereisen u. a. 1996). In beiden

Ländern ist die Fitness-Szene die weitaus bedeutendste. In ihr vergemeinschaften sich junge Menschen, denen es primär um ein jugendkulturell adäquates Körpererscheinen geht. Gemeinschaftsstiftendes Thema ist also das Interesse an der Gestaltung des eigenen Körperbildes, die Sorge um das körperliche Selbst.

Die Snowboardszene ist die bedeutendste Wintersportszene im Alpenland Österreich. Es ist die am stärksten mit jugendkultureller Stilistik aufgeladene Jugendszene. (vgl. Großegger/Heinzlmaier 2007) Mindestens genauso wichtig wie das Beherrschen der sportlichen Technik ist hier die Fähigkeit, richtig mit stylischen Modeartikeln und angesagten Marken umgehen zu können. Darüber hinaus stehen die Snowboarder für den typischen jugendkulturell „coolen" Habitus, dem das individuelle Spaß-Haben über gesellschaftliche Anerkennung geht. Snowboarder definieren sich über ihre Rolle als Rebellen des Alltags. Ihr Rebellentum bleibt aber in der Regel dem Terrain des Stilistischen verhaftet.

Die Fußballfans stellen eine männlich dominierte Fankultur dar. Ihre Angehörigen definieren sich über die Begeisterung für einen ganz bestimmten Verein, die Beziehungskultur weist viele traditionelle, an männerbündischen Kulturformen orientierte Elemente auf. Die Gruppe hat ihre größte quantitative Verbreitung unter den 16-19-Jährigen (vgl. tfactory 2008a u. 2009). Mit höherem Alter nimmt die Affinität zur Fußballfankultur deutlich ab.

Eine medial besonders auffällige Untergruppe der Fußballfans sind die „Ultras" oder „Hooligans". Für sie ist der Fußball nicht nur Sport, vielmehr ist er die Leitkultur ihres gesamten Lebens. Sämtliche andere Lebensbereiche wie Arbeit, Beziehung, Freundschaft werden von den Werten, Idealen und Ästhetiken der Fußballkultur durchdrungen. Mario Perniola stellt jedoch in dieser Subgruppe der Fußballfankultur einige überraschende Veränderungen fest, die auch in diesem Milieu auf eine Posttraditionalisierung der Vergemeinschaftung (vgl. Hitzler u. a. 2008) hinweisen, die im Kern in einer Abschwächung und Reduzierung der Bindungen und Verpflichtungen gegenüber der Gruppe besteht, wie sie Ronald Hitzler für die Jugendszenen generell konstatiert und beschreibt. Die neuen Fußball-Fans unterscheiden sich insofern von denen der 1960er und 1970er Jahre, die noch von einer Art Solidarität längerfristig zusammengehalten wurden, dass sie nur mehr eine vorübergehende Zusammenrottung sind. Sie schließen sich nur mehr deshalb in der Gruppe zusammen, weil die Gruppe funktional für die Realisierung ihrer Absichten ist oder, wie Perniola es formuliert, „sie verklumpen nicht zu einer gestaltlosen gefährlichen Masse, sondern bekunden einen Willen, nur sich selbst sichtbar zu machen" (Perniola 2005: 21). Wir sehen also, dass selbst die traditionellen Strukturen männerbündischer Gruppe von der „Säure des Individualismus" (Alasdair MacIntyre in: Horster 2012: 16) zerfressen werden. Selbst die Ultras instrumentalisieren die Gemeinschaft nur mehr dazu, um ihre narzisstischen Selbstdarstellungs- und Selbstverwirklichungsinteressen realisieren zu können. Also auch hier sind sie vorbei, die Zeiten des einer für alle und alle für einen.

Insgesamt betrachtet ist die szenische Verankerung bei den 16-19-Jährigen und bei den männlichen Jugendlichen am stärksten ausgeprägt. Mit zunehmendem Alter wird die Szenebindung loser, um bei einem Großteil der Jugendlichen zwischen dem 25. und dem 29. Lebensjahr gänzlich zu verschwinden oder lediglich in Form einer nostalgischen Erinnerungskultur zurückzubleiben (vgl. tfactory 2009).

Eine wichtige Eigenheit, die den postmodernen jugendkulturellen Gruppen anhaftet, ist, wie schon anhand der Fußballszene gezeigt, ihr weitgehend auf eigene Bedürfnisse bezogener Zugang zur Gemeinschaft. Die Gemeinschaft ist für Jugendliche kein Selbstzweck, nichts Höheres, „das über den Individuen steht, sondern das Mittel dieser Individuen, eben solche Individuen vollständig sein zu können" (Scholz 2008: 28). Posttraditionale Gemeinschaften sind als lose geflochtene Netzwerke in erster Linie dazu da, die Interessen des Einzelnen zu befördern, und haben dementsprechend einen relativ geringen Verpflichtungscharakter. Der Einzelne bleibt innerhalb solcher Netzwerke relativ ungebunden und damit handlungsfähig in Bezug auf die vielfältigen anderen Optionen, die das Leben in einer postmodernen Gesellschaft bietet.

Freizeitinteressen von Jugendlichen

Neben den gemeinsamen Unternehmungen mit FreundInnen in informellen szenischen Netzwerken dominieren in der Jugendkultur Freizeitformen, die mit der Nutzung von Medien zusammenhängen. Es sind diese das Hören von Musik und die Nutzung von Fernsehen, Videos und DVDs, Kino und Internet, die die Jugendlichen im Alter zwischen 11 und 18 Jahren am meisten interessieren und fesseln. Aufgrund der Medienpalette, die den Alltag der Jugendlichen dominierend beeinflusst, muss die These „Freizeit von Jugendlichen ist Medienzeit" aber modifiziert werden. Genauer gesagt ist Jugendfreizeit Bildmedienzeit. In unseren von Bildmedien bestimmten Jugendkulturen ist alles Ästhetische, alles sinnlich Unmittelbare von dominanter Bedeutung für das Denken und Handeln. In einer Welt, die vom Bild beherrscht wird, werden insbesondere die jungen Menschen mehr und mehr zu ästhetischen Wesen. Manch einer behauptet sogar, dass Jugendliche mit den Augen denken. Alles Sichtbare hat für sie bei Entscheidungen und Wahlakten des Alltags größte Relevanz. Nicht Diskurse und Argumentationen stehen im Mittelpunkt, sondern die Art und Weise, wie die Dinge arrangiert, verpackt, in Bilder übersetzt sind. Außerhalb der Arbeitswelt und der Bildungsinstitutionen möchte die Mehrheit der Jugendlichen nicht als rationales Wesen angesprochen werden, sondern unmittelbare ästhetische Lust erleben.

Die Musik ist ein Schlüsselbereich des jugendlichen Freizeiterlebens. Große Teile der Freizeitaktivitäten von Jugendlichen sind rund um musikalische Erfahrungen gruppiert. Musik ist für Jugendliche ein relevantes Verständigungs- und Ausdrucksmedium (vgl. Müller-Bachmann 2002: 121). Mit Hilfe der Musik können nicht nur eigene Gefühle und Befindlichkeiten reguliert werden, sie eröffnet auch die Möglichkeit zu demonstrieren, wie man sich fühlt, wer man ist und zu welchen lebensstilistischen Strömungen und Gruppen man sich zugehörig fühlt. Wesentlich für die Bedeutung der Musik in der jugendlichen Freizeitkultur ist ihre Beschaffenheit als weitgehend nicht-diskursives, ästhetisches Medium. Musik erzeugt Stimmungen, richtet sich unmittelbar an die Sinne. Musik wird gefühlt und verstanden. Musik versucht nicht zu erklären. Gerade dadurch weist Musik eine hohe Kompatibilität zu den postmodernen Jugendkulturen auf, die sinnliche Kulturen des Empfindens und des Verstehens sind. Wie die Musik argumentieren sie nicht, sondern sie beschränken sich darauf, Stimmungen zu erzeugen und in Umlauf zu bringen.

Musik ist ein flüchtiges, ereignishaftes und zudem emotionales, ja irrationales Medium. Sie begünstigt emotionale Begegnungen, schafft Anschlussfähigkeiten über reale und rationale gesellschaftliche, politische, soziale etc. Grenzen hinweg. „Die durch Musik transportierte Emotionalität, die gleichzeitig ggf. die individuellen Gefühle der einzelnen Jugendlichen verstärkt oder sie kanalisiert, und die Einstellungsmuster zu ganz unterschiedlichen Themenkreisen, befähigen den einzelnen Jugendlichen, einen Anschluss an die Gefühle und Einstellungen anderer Jugendlicher zu finden." (Ebd.: 126)

Man kann sagen, dass die Musik das emotionale – und damit ein äußerst relevantes und wirksames – Bindungsmittel der Jugendkulturen ist. Der Musiknutzung liegen sowohl soziale als auch individuelle Motive zugrunde. Auf der individuellen Ebene benutzen Jugendliche Musik zur Modulation und Kontrolle ihrer Gefühle, auf der sozialen Ebene wird Musik verwendet, um sich jugendkulturell zu positionieren, um sich in bestehende Lebensstilgruppen zu inkludieren oder sich von diesen abzugrenzen.

Perspektive – die Zukunft der Jugendfreizeit

Denkt man über die Zukunft der Freizeit von jungen Menschen nach, so kommt uns als Erstes die zunehmende Bedeutung des kompensatorischen Charakters des Freizeitlebens in den Sinn. Mehr denn je wird, bei gleichbleibend steigendem Druck in den Bildungsinstitutionen und in der Arbeitswelt, der Freizeitgestaltung die Aufgabe zukommen, für den notwendigen Druckausgleich zu sorgen. Die Freizeit wird damit für die Reparatur der in den Bildungsinstitutionen und der Arbeitswelt erzeugten Schäden funktionalisiert. Wie die Öko-Industrie wandelt sich auch die Freizeitindustrie mehr und mehr zu einem Wirtschaftszweig, in dem mit der Behebung von Schäden Profit gemacht wird, die unmittelbare Folgen des marktwirtschaftlichen Konkurrenz- und Leistungssystems sind. Nachdem in Bildungseinrichtungen und in der Arbeitswelt die Menschen in ihrer psychischen

Gesundheit beeinträchtig werden, werden sie im Anschluss daran von der Wellness-, Therapie- und Pharma-Industrie in Empfang genommen, um wieder auf Vordermann gebracht zu werden. So gelingt es dem marktgesellschaftlichen System sogar, mit Hilfe seiner Destruktivkräfte Profit zu machen.

Die Kolonialisierung der Zivilgesellschaft und der lebensweltnahen Non-Profit-Strukturen, und damit auch weiter Teile der Freizeit der Menschen, durch die Ökonomie wird weitergehen, ganz in dem Sinne, wie Heitmeyer diesen Prozess mit dem Begriff der „Ökonomisierung des Sozialen" (vgl. Heitmeyer 2007) zu fassen versucht. Nur wird es nicht bei der Infizierung und Modifizierung der Kultur der sozialstaatlichen Institutionen durch Werte der Ökonomie wie Nützlichkeit, Verwertbarkeit etc. bleiben Die Tendenz geht in die Richtung, dass Non-Profit-Strukturen durch Profit-Strukturen ersetzt werden.

Ein Beleg dafür ist, dass sich im Bereich der Markenkommunikation und Markenführung so etwas wie eine „kommerzielle Diakonie" herauszubilden beginnt. Kommerzielle Diakonie bedeutet, dass Marken durch die Verwendung einer „spezifischen Semantik der Seelsorge" suggerieren, dass sie nicht nur postmoderne Sinnquelle sind, sondern sich nun darüber hinausgehend auch als aktive Dienstleister der Seelsorge und der gemeinschaftlichen Betreuung zu positionieren beginnen (vgl. Hellmann 2011: 137f.). Ein Beispiel für eine solche Markeninszenierung ist die Marke „Weleda". Weleda inszeniert sich als anthroposophisch geprägtes Unternehmen, „das zahlreiche naturnahe, tierversuchsfreie Produkte für Körperpflege und Selbstmedikation anbietet und seine Selbstdarstellung mit einer gehörigen Portion Spiritualität unterlegt" (vgl. ebd.: 139).

In unmittelbarer Konkurrenz zu traditionellen Formen der Jugendarbeit werden in Zukunft verstärkt die so genannten

„brand communitys" treten. Diese stellen mehr oder weniger aufwändig gepflegte Beziehungsnetzwerke zwischen Intensivverwendern spezifischer Markenprodukte dar (vgl. ebd.: 159). Insbesondere Marken, die wichtige Player auf den Jugendmärkten sind, arbeiten bereits jetzt mit solchen Community-Konzepten und investieren viel Geld in sie. Um nur einige zu nennen: Apple, Red Bull, Vesper, Saturn.

Eine „brand community" hat den Zweck, besonders treue Kunden mit einer starken emotionalen Bindung an die Marke in ein Netzwerk einzuschließen. Zusammengehalten wird die Community durch die kollektive Identität der Markenuser, spezifische Rituale und Traditionen sowie durch eine spezielle Form gelebter Gruppensolidarität. Die Gruppensolidarität zeigt sich praktisch vor allem dann, wenn es um das „assisting in the use of the brand" geht, d. h. wenn sich die Mitglieder bei der Verwendung der Produkte einer bestimmten Marke gegenseitig unterstützen, bei Betriebsproblemen, Pannen und anderen Schwierigkeiten, bei denen das Verfügen über spezifisches Fachwissen notwendig ist (vgl. ebd.). Nicht unwichtig dabei ist, dass sich die Kunden der Marken in ihren Community-Netzwerken unentgeltlich gegenseitig helfen, d. h. dass Teile des Kundenservice von den Marken an die User ausgelagert werden. Von den dadurch sinkenden Support-Kosten profitiert die Marke.

Walter Benjamin hat einmal den Kapitalismus mit einer Religion verglichen. Er formulierte: „Im Kapitalismus ist eine Religion zu erblicken, d. h. der Kapitalismus dient essentiell der Befriedigung derselben Sorgen, Qualen, Unruhen, auf die ehemals die so genannten Religionen Antwort gaben." (zitiert nach ebd.: 141) Ganz offensichtlich zeigen sich diese Parallelen zwischen Religion und Kapitalismus exemplarisch am Phänomen der „brand communitys". Sie sind als Formen einer postmodernen kommerziellen Diakonie erfolgreich, indem sie über

Netzwerkstrukturen Hilfsdienste vermitteln, die früher einmal von religiösen Gemeinschaften gegenüber der Gesellschaft erbracht wurden: soziale Dienste, Seelsorge und das Organisieren von Gemeinschaft. Wohl ein durchaus bemerkenswerter Beweis für das Marxsche Wort von der Gier des Marktes, die nicht einmal vor dem Heiligsten zurückschreckt, wenn es um den Profit geht. Und so wird sich auch die Jugendfreizeit immer mehr in den Einflussbereich der Ökonomie verlagern, dorthin, wohin sich gegenwärtig alles zu verlagern scheint. Posttraditionelle Formen der Vergemeinschaftung und Netzwerke mit großer Offenheit und geringem Verbindlichkeitsgrad, die unter der Kontrolle von kommerziellen Marken stehen, werden wohl die Dominanten der zukünftigen Freizeit der Jugend sein.

JUGENDLICHE FREIZEITKULTUREN IN DER RISIKOGESELLSCHAFT

POSTTRADITIONALE FORMEN DER VERGEMEINSCHAFTUNG, MEDIENNUTZUNG UND SPORT

Die Risikogesellschaft als allgemeiner Rahmen des Freizeit(er)lebens von Jugendlichen

Der Soziologe Ulrich Beck beschreibt unsere Gesellschaft als „Risikogesellschaft". Das wesentliche Kennzeichen einer solchen Gesellschaft ist, dass sie nach der „Logik der Risikoproduktion" funktioniert. Beck verweist hier vor allem auf gesellschaftlich produzierte Risiken, also Risiken, die unmittelbar aus den Produktionsverhältnissen, der Art und Weise, wie die Produktion von Gütern und ihre Verteilung in unserer Gesellschaft organisiert wird, hervorgehen (vgl. Beck 2007). Gesellschaften, die nach einer Logik der Risikoproduktion funktionieren, werfen für den Einzelnen die Frage nach dem individuellen Umgang mit gesellschaftlich produzierten Risiken auf. Insbesondere die Jugend ist von der neuen gesellschaftlichen Risikokultur betroffen. Aus traditionalen Gemeinschaften und Beziehungen freigesetzt, steht sie heute vielfach vor der Situation, dass sie gesellschaftlich produzierte Risiken im hohen Maße individuell, also auf sich alleine gestellt, zu bewältigen oder, neudeutsch gesagt, zu managen hat.

Entsprechend ist das Urteil der Jugend über die Gesellschaft ein ambivalentes. Zum einen findet sie vieles von dem, was die postmoderne Wissens- und Erlebnisgesellschaft zu bieten hat, interessant und erstrebenswert, zum Beispiel hochwertige Konsumgüter, aber auch interessante berufliche Entwicklungsmöglichkeiten, zum anderen steht sie einem immer verschulter und reglementierter werdenden Bildungssystem, der einseitigen Unterordnung von Ausbildungsgängen unter die Bedürfnisse der Wirtschaft und der damit verbundenen zunehmenden Entfremdung der Lernenden von ihren persönlichen Zielen, Wünschen und Bedürfnissen mit großer Skepsis gegenüber. Zudem wird die Arbeitswelt als risikoreich und ungerecht wahrgenommen. Man hat das Gefühl, alles richtig zu machen und dennoch dafür nicht entsprechend belohnt zu werden.

Das Entfremdungsgefühl und die damit verbundene Angst, die eigenen Selbstverwirklichungsinteressen zugunsten von Anforderungen, die von äußeren Mächten auferlegt werden, zurückstellen oder gar aufgeben zu müssen, zeigt beispielhaft die Blitzumfrage „Uni-Proteste 2009" (Institut für Jugendkulturforschung 2009b), in deren Rahmen die Protest-Elite im Umfeld des besetzten Audimax der Universität Wien zu ihren wichtigsten Handlungsmotiven befragt wurden. Ihre wichtigste Forderung war „Bildung statt Ausbildung". Gemeint ist damit ein selbstbestimmtes Studium mit einem Curriculum, das nicht in erster Linie den Interessen der Wirtschaft unterworfen ist und individuellen Bildungsinteressen, vor allem aber der Persönlichkeitsbildung, mehr Raum gibt.

Leben und Freizeitverhalten in der Burnout- und Stressgesellschaft

In einer Gesellschaft wie in der unseren, in der das Leistungs-
und Konkurrenzprinzip sich dermaßen verallgemeinert hat,
bleibt auch die Freizeit von Druck- und Stresserfahrungen nicht
ausgenommen. Jugendliche und junge Erwachsene fühlen sich
in unserer Gesellschaft unter permanenten Druck gesetzt. Besonders intensiv wird der Druck in den Bereichen Arbeit, Studium und Schule empfunden. Fast 70 Prozent der 11-29-Jäh-
rigen geben an, in Arbeit und Ausbildung stark unter Druck zu
stehen (Heinzlmaier 2007: 8).

Was auffällt, ist, dass sich deutlich mehr weibliche Jugendliche und junge Erwachsene unter Druck fühlen als männliche
Jugendliche und junge Erwachsene (weiblich: 71,2 Prozent,
männlich: 60,9 Prozent). Im Altersgruppenvergleich zeigt sich,
dass bei den unter Zwanzigjährigen, insbesondere in der Gruppe
der 11-14-Jährigen, die Zahl derer, die sich stark unter Druck
fühlen, am höchsten ist. In der Altersgruppe der 11-14-Jährigen
fühlen sich 75 Prozent unter starkem Druck. Bei den 15-19-Jäh-
rigen sinkt der Anteil auf 66 Prozent, um schließlich bei den
25-29-Jährigen auf einem Tiefststand von 61 Prozent anzukommen. Es zeigt sich also, dass vor allem das Geschlecht und das
Alter Einfluss auf das Stress- und Druckempfinden der Jungen
haben (vgl. tfactory 2007).

Stress- und Druckgefühle stehen allerdings keineswegs ausschließlich in Verbindung mit dem „Ernst des Lebens" oder
dem „Reich der Notwendigkeit", also mit Arbeit und Ausbildung. Auch das „Reich der Freiheit", die Freizeit, wird mit
Stresserlebnissen in Verbindung gebracht. Und die besonders
vom Stress betroffenen Gruppen sind dieselben, die auch in den

Lebensbereichen Arbeit, Bildung und Schule die höchste Stress-
belastung aufweisen: weibliche Jugendliche und unter zwanzigjährige Jugendliche. Der Anteil der in der Freizeit stark stress-
belasteten Jugendlichen nimmt auch hier mit zunehmendem
Alter kontinuierlich ab: Liegt er bei den 11-14-Jährigen noch
fast bei 60 Prozent, so sinkt er in den höheren Altersgruppen
kontinuierlich ab, um sich am Ende bei den 25-29-Jährigen auf
einem Niveau von rund 30 Prozent einzupendeln.

Woran liegt es nun, dass gerade die unter Zwanzigjährigen
selbst die Freizeit, also jene Zeit, die ihnen zur Regeneration
und zum Sammeln neuer Energien dienen sollte, zusätzlich zu
stressen scheint? Betrachten wir zuerst jene Gruppe, in der der
Anteil der Gestressten am größten ist: die 11-14-Jährigen. Ein
wichtiger Faktor für das massenhafte Entstehen von Stress sind
hier vor allem die von den Eltern aus den Mittelschichten un-
ternommenen Versuche, etwas, was die Schulen immer weniger
leisten, nämlich die allgemeine Persönlichkeitsbildung, in die
Freizeit zu verlagern. Während in den Schulen mehr und mehr
auf für die spätere Berufsausbildung funktionales Wissen fo-
kussiert wird, wird die Freizeit zusehends für die Vermittlung
von so genannten Softskills, allgemeinen Kulturtechniken und
Persönlichkeitsbildung, vernutzt. In der Praxis bedeutet dies,
dass die Eltern die Kinder nach der Schule vom Ballettunterricht
zum Zeichenkurs und vom Klavierunterricht zum Basketball-
Training transportieren müssen, um das Bildungsdefizit der
Kinder, das durch die Umwandlung der Schulen von Bildungs-
in Ausbildungseinrichtungen entstanden ist, auszugleichen. In
der frühen Jugendphase (11 bis 14 Jahre) erscheint der jugendliche Alltag ähnlich dem der Kindheit funktional verinselt. In
der Sozialisationsforschung steht der Begriff der Verinselung
für die Zerstückelung der kindlichen und frühjugendlichen

Lebenswelt in kleine, oft unvermittelt nebeneinander stehende Einheiten und die fast lückenlose Integration von Kindern und Jugendlichen in pädagogische Einrichtungen (vgl. Hurrelmann 2002). Was ihnen dadurch verloren geht, sind Freiräume, in denen sie sich ungestört bewegen können und in denen sie die Chance haben, sich unabhängig von pädagogischer Anleitung mit ihren persönlichen Fähigkeiten und Interessen auseinander zu setzen. „In einer durchreglementierten Lebenswelt mit strenger Zeitstrukturierung sind die Möglichkeiten hierfür begrenzt." (Ebd.: 252) Die Kinder und Jugendlichen werden von einer betreuten Insel zur anderen bewegt. Lerngruppen, Sportverein, Tanzkurs, Reitstunden, Theatergruppen etc. werden ihnen von den Eltern mit den besten Absichten verordnet, führen aber am Ende oft zu einem vollständig durchstrukturierten und funktional kolonialisierten frühjugendlichen Freizeitalltag, in dem keine Freiräume für autonome oder selbstsozialisatorische kulturelle Praxen mehr offen bleiben.

Nicht der einzelne Kurs, aber die Verdichtung der betreuten Kursangebote, die weitgehende Durchreglementierung und Durchstrukturierung des gesamten Lebens der Jugendlichen auch außerhalb der Schule, erzeugen hier das Gefühl von Stress und Druck.

Auf eine völlig andere mögliche Problematik, die ein Auslöser für Freizeitstress sein könnte, verweist der französische Psychiater Alain Ehrenberg in seinem Buch „Das erschöpfte Selbst". Für Ehrenberg ist das große Problem des Menschen unserer Zeit die Last des Möglichen. Seiner Meinung nach leidet der postmoderne Mensch nicht primär an bedrückenden Normen und beengenden Regulativen, sondern an den ständig weit geöffneten Räumen des Möglichen, die er gestalten muss, ohne über ausreichende Führung, Vorgaben oder Vorlagen zu verfügen. Die Menschen stehen unter dem permanenten

Druck, aus eigener Verantwortung heraus Initiativen setzen zu müssen, gestalten zu müssen, aus sich selbst etwas machen zu müssen (vgl. Ehrenberg 2008).

Gerade Jugendliche, die aufgrund ihrer Stellung im Entwicklungsverlauf im hohen Maße damit beschäftigt sind, sich selbst und ihren Platz in einer komplexen soziokulturellen Welt zu finden, fühlen sich von den überall rund um sie herum offenen Möglichkeitsräumen besonders überfordert. Vielfach ohne auf ein Vorbild zurückgreifen zu können und mit nur wenig Unterstützung von Erwachsenen müssen sie sich eine eigene Identität, ein individuelles und unverwechselbares Persönlichkeitsprofil erarbeiten. Die Zahl der Jugendlichen, die damit nicht mehr zurechtkommen, wird immer größer. Wenn man nicht das aus sich selbst machen kann, von dem man glaubt, dass es gesellschaftlich erwünscht ist, wenn man die offenen Räume nicht mit Ideen und Projekten füllen kann, wie es die Gesellschaft von einem selbständigen, autonom entscheidenden und handelnden Individuum erwartet, kann Verzweiflung und Depression die Folge sein.

Viele Jugendliche fühlen sich aufgrund der tagtäglichen Überforderung durch beständig offene Möglichkeitsräume wie gelähmt. Sie hören auf zu handeln, weil sie die Last, immer eigenverantwortlich und initiativ sein zu müssen, nicht mehr (er-)tragen können. Ehrenbergs allgemeine Gesellschaftsdiagnose der sich ausbreitenden Depression passt zur besonderen Situation einer durch den Zwang zur Selbstverwirklichung und zur Individualisierung überforderten Jugend in der postmodernen Leistungs- und Konkurrenzgesellschaft. „Die Depression (...) ist die Krankheit einer Gesellschaft, deren Verhaltensnormen nicht mehr auf Schuld und Disziplin, sondern auf Verantwortung und Initiative gründen. Gestern verlangten die sozialen Regeln Konformismus im Denken, wenn nicht Automatismus im Verhalten; heute fordern sie Initiative und mentale Fähigkeiten. Die Depression ist eher eine Krankheit der Unzulänglichkeit als ein schuldhaftes Fehlverhalten, sie gehört mehr ins Reich der Dysfunktion als in das des Gesetzes: Der Depressive ist ein Mensch mit einem Defekt." (Ebd.: 20)

Folgen wir Ehrenberg, so ist einer der wichtigsten Gründe, dass sich die postmoderne Jugend gestresst und unter Druck bis hin zur depressiven Handlungsunfähigkeit fühlt, der Umstand, dass ihr alles möglich ist, dieses Mögliche aber nur durch selbstverantwortliche Eigeninitiative erschlossen werden kann. Somit liegt die Quelle von Freizeitstress letztendlich auch darin begründet, dass Jugendliche für sich eine passende jugendkulturelle Rolle finden müssen, sich deren Ästhetik und Denk- und Handlungsmuster anzueignen haben, um so die Inklusion in eine jugendkulturelle Community zu erreichen. Hinzu kommt, dass dieser Prozess niemals abschließbar ist, da es viele solche Communities gibt und die Aufgabenstellung darin besteht, mehreren dieser Communities zur gleichen Zeit anzugehören, möglichst flexibel von einer zur anderen „switchen" zu können, immer die passende Charaktermaske aufgesetzt und ohne Aussicht, jemals ein alles abschließendes Ziel zu erreichen. Das heißt, die Krise der postmodernen Jugend gründet auch in der Überforderung durch Eigenverantwortung und im nicht enden wollenden Selbstverwirklichungs- und Selbsterschaffungszwang des postmodernen Individualismus.

Juvenilisierung der Freizeitkultur

In der Gegenwartsgesellschaft hat Jugendlichkeit einen hohen Statuswert. „Wer heute als Erwachsener noch ‚in' sein und damit den Idealen von Jugendlichkeit gerecht werden will, muss jenseits milieuspezifischer Traditionalismen zunächst einmal durch sportliche Eleganz, ‚body image', Harmonie und Dynamik, verbunden mit einem Höchstmaß an jugendlichem Habitus zu glänzen versuchen. Schlank, schön und sportlich scheint immer mehr mit Können, Leistungsstärke, Scharfsinn, Flexibilität, Geschicklichkeit und Beweglichkeit gleichgesetzt zu werden. Erfolg im 21. Jahrhundert wird wesentlich über diese Attribute definiert." (Ferchhoff 2007: 261f) Damit ist Jugendlichkeit nicht mehr allein für die unter Dreißigjährigen eine notwendige Eigenschaft. Weit über diese Altersgruppe hinaus ist das Attribut „Jungsein" für nahezu alle Gesellschaftsmitglieder zu einem unverzichtbaren Bestandteil eines erfolgreichen und sinnvollen Lebens geworden. Der Notwendigkeit des Willens zum Jungsein kann sich fast keiner mehr entziehen.

Jugendlichkeit ist zugleich eine Frage der Einstellung und des kulturellen Ausdrucks, d. h., wir sprechen über eine „verinnerlichte Jugendlichkeit und Identitätsstabilisierung, welcher über das Äußere Ausdruck verliehen werden soll" (Posch 2009: 109). Es geht also für den Menschen der Postmoderne darum, das innere Einstellungsmuster der Jugendlichkeit mit Hilfe von typischen Zeichen und Symbolen öffentlich adäquat darzustellen. Und wer sich als jugendlich darstellen, inszenieren will, der braucht Zugriff auf das Zeichen- und Symbolreservoir der Jugendkulturen. Wenn Menschen weit jenseits der Dreißiger jugendlich sein wollen, so geht das nicht immer auf eine persönliche, unabhängige und freie Entscheidung zurück. Vielmehr besteht in der Gesellschaft ein Zwang zum Jungsein. Wer nicht im Kopf jung ist und es nicht versteht, diese jugendliche Einstellung in passender kultureller Form öffentlich zu demonstrieren, der gilt vielen, insbesondere den EntscheidungsträgerInnen der Berufswelt, aber auch im Freundes- und Kollegenkreis, als träge, nicht erfolgsorientiert, zu wenig dynamisch, einfach als alt. Und es gibt nichts Schlimmeres, als zum alten Eisen zu gehören. Wer ihm zugezählt wird, dem droht nicht nur die Exklusion aus dem Arbeitsmarkt. Also versuchen die Menschen den Ausschluss aus der Gemeinschaft der Jungen, Erfolgreichen, Dynamischen und Schönen dadurch zu vermeiden, dass sie sich demonstrativ jugendlich inszenieren, indem sie sich kulturelle Artefakte, Verhaltensweisen und Lebenseinstellungen der Jugendkulturen aneignen.

Jugendlichkeit wird auf den Freizeitmärkten gehandelt. Sie steckt in Sportgeräten, Modeartikeln, Accessoires, aber auch in Urlaubsangeboten, Computerspielen und Musikevents. Die kulturelle Macht auf den Freizeitmärkten liegt in den Händen der jungen Generationen. Junge ModedesignerInnen bestimmen, welche Hosen und Schuhe die juvenilen Fünfziger zu tragen haben, zwanzigjährige Stars der Musikszene geben den Takt und Tanzstil vor, nach dem sich junggebliebene Alte auf Bällen und in Tanzlokalen bewegen, und blutjunge NetzwerktechnikerInnen und ProgrammiererInnen bestimmen darüber, wie die Alten im Internet kommunizieren und welche Computerprogramme sie benutzen.

Nimmt man also die kulturelle Sphäre im weiteren Sinn ins Visier, so zeigt sich schnell, dass dort jugendliche Dynamik, junge Lifestyles und juvenile Ästhetiken regieren. Der Grund für diese Umkehrung der kulturellen Machtverhältnisse von den Alten zu den Jungen liegt für Margaret Mead in der Enttraditionalisierung der Gesellschaft: In einer Gesellschaft wie der unseren, die durch dynamischen Wandel und schnelle Wechsel charakterisiert ist, werden Fertigkeiten, Werte, Gebräuche, ästhetische Muster etc. so schnell entwertet, dass den Alten nur mehr wenig bleibt, was sie den Jungen weitergeben könnten. Ihre traditionellen kulturellen Besitzstände und Kompetenzen sind oft bereits prekär und schon im Begriff wertlos zu werden, während sie diese noch an ihre NachfolgerInnen weiterzugeben versuchen (vgl. Mead 1982).

Im Gegensatz dazu stehen die Jungen an der Spitze des Fort-schritts, an der Bruchlinie zwischen der Gegenwart und der Zukunft, mitten in der heißen Zone, wo sich das Neue abzu-zeichnen beginnt und erste Konturen gewinnt. Gerade in einer Gesellschaft des Steigerungsspiels, in der es als höchste Tugend gilt, neue Möglichkeiten zu erschließen, Altes hinter sich zu lassen und die Grenzen hin zum Noch-nie-Dagewesenen zu überschreiten, ist es von entscheidender Bedeutung, sensibel für Zukunftstrends zu sein. Nicht das, was heute ist, und schon gar nicht, was gestern war, ist interessant, sondern das, was morgen kommen wird. Und am besten ist es überhaupt, das Neue her-vorzubringen, es zu erschaffen, die Trends selbst zu setzen.

Entsprechend leben und agieren die Jugendlichen vor allem in der Freizeit. Sie tragen den angesagtesten Haarschnitt, haben das coolste neue Skidress, hören die hippste Musik aus den Clubs von New York, verwenden das aktuellste Handy-Modell von Apple und wissen, auf welcher Internetplattform man einfach sein muss, will man die interessantesten Typen kennen lernen. Die Jungen verfügen damit über das Wissen, das zur Ausübung des wichtigsten postmodernen Kultes, des Jugendkultes, un-erlässlich ist. Nachdem ein immer größer werdender Teil der Älteren sich aufgrund des hohen Konformitätsdrucks dazu ent-schließen muss, aktiver Bestandteil dieses Kults zu sein, gerät die Jugend als authentischer Träger des Kultes in eine durchaus relevante soziokulturelle Machtposition. Sie entscheidet darü-ber, welche (Freizeit-)Sportarten von den Menschen ausgeübt werden, welche Klamotten man dabei trägt, was die angesag-testen Musikevents sind und welches Bier man am Abend in der Bar trinkt. Die Macht auf den Kultur- und Freizeitmärkten gehört der Jugend, während sie im Wirtschaftsleben und in der Politik nach wie vor fest in den Händen der Alten ist.

Freizeit als Medienzeit

Medien aller Art sind ein zentrales Element in den Lebenswelten der postmodernen Jugend. Neben den traditionellen
Erziehungsinstitutionen wie Elternhaus, Gleichaltrigengruppe
und Schule haben sich die Medien im Verlauf des 20. Jahrhunderts zu einer mächtigen Sozialisationsinstanz entwickelt. Jugendliche scheinen heute in einzelnen Bereichen mehr durch
Medien zu erfahren und zu lernen als durch Schule und Elternhaus (Friedrichs/Sander 2010: 28).

In der jugendsoziologischen Literatur wird die Jugend häufig
als Multi-Media-Generation bezeichnet (vgl. Ferchhoff 2007).
Damit ist gemeint, dass Jugendliche keine Berührungsängste
mit Medien haben, sich neuen Kommunikationstechnologien
unbefangen nähern, über eine relativ hohe Mediennutzungs-
kompetenz verfügen und alte und neue Medien ganz selbstverständlich in ihren individuellen Medienmenüs integrieren.
    Durch die flächendeckende Ausbreitung der digitalen
Medien ist es im letzten Jahrzehnt zu tiefgreifenden Veränderungen im jugendlichen Medien(nutzungs)verhalten gekommen. Zusätzlich zu den Massenmedien, die auf Einwegkom-
munikation ausgerichtet sind, nutzen Jugendliche heute digitale
Medien, die ihnen erweiterte Partizipationsmöglichkeiten eröffnen (vgl. Hugger 2010: 10). Die Hinwendung zu den digitalen
Medien zieht ein verändertes Rezeptionsverhalten nach sich.
Die Nutzung von Printmedien gegenüber den audiovisuellen
Medien geht zurück. Die jungen MediennutzerInnen bevor-
zugen die mit weniger individueller Anstrengung verbundene
Rezeption der Bildmedien gegenüber jenen, die sich auf das ge-
schriebene oder gesprochene Wort stützen, „das dem Hörer und
Leser eine eher bilderzeugende, aktive geistige Anstrengung im

Zusammenhang der Deutung und Dekontextualisierung von Vorstellungswelten abverlangt" (Ferchhoff 2007: 361).

Jugendliche tendieren also dazu, sich jenen Medien zuzuwenden, die ihnen eine leichte, unangestrengte, unmittelbare Rezeption ermöglichen. Doch die neuen digitalen Medien, die das Bild in einer bisher noch nicht dagewesenen Form privilegieren, treffen nicht auf einen ferngesteuerten, der suggestiven Kraft der Bilder wehrlos ausgelieferten jungen Rezipienten. Im Gegenteil, die Botschaften der Medien treffen auf mehrheitlich aktive und kreative junge MediennutzerInnen, insbesondere im Bereich des neuen „Mitmach-Net" Web 2.0 (Friedrichs/ Sander 2010: 31)..Gerade das interaktive Web 2.0 ist ein schönes Beispiel dafür, dass das Verhältnis zwischen Medium und Rezipient keine Einbahnstraße, sondern von der Wechselwirkung der gegenseitigen Beeinflussung geprägt ist. Oder um es mit den Worten von Roger Silverstone zu sagen: „In dem Prozess, in dem sich die Botschaft der Medien und unsere Vorstellungen vermischen, sind wir weder frei noch ganz und gar ferngesteuert." (Silverstone 2007: 135)

Welche Medien nutzen Jugendliche nun am liebsten (Medienpräferenz), wie oft nutzen sie sie (Nutzungshäufigkeit), wie groß ist das Zeitbudget, das für Medienaktivitäten verausgabt wird, und wie ist es auf die einzelnen Medien und Kommunikationskanäle verteilt?

Internet, Fernsehen und Radio sind nach wie vor Leitmedien für Jugendliche. An der Spitze der Nutzungshierarchie hat das Internet im Verlauf der letzten Jahre dem Fernsehen den Rang abgelaufen. Dennoch zeigt sich deutlich, dass die Reichweite des klassischen Fernsehens nach wie vor auf hohem Niveau ist und das Fernsehen damit eine Schlüsselposition im Medienalltag von Jugendlichen einnimmt (Hugger 2010: 8).

Das Fernsehen spielt vor allem im Kontext des Ruhe- und Entspannungsbedürfnisses von Jugendlichen eine bedeutende Rolle. Interessant ist hierbei, dass sich das Bedürfnis nach Ruhe und Erholung erst Ende der 1980er Jahre in der individuellen Freizeitpraxis von Jugendlichen etabliert und in der Folge von der Jugendforschung thematisiert wird. Dies könnte ein Indiz für die beginnende Zunahme von Stresserfahrungen in dieser Zeit sein (Krüger 1993: 456).

Das Fernsehen ist nun das Medium, dass sich als „lean-back-medium" am besten dafür eignet, das subjektive Gefühl des Abschaltens bzw. des sich Ausschaltens erlebbar zu machen. Die zentrale Qualität des Fernsehens besteht im „Nicht-Agieren-müssen" (Ferchhoff 2007: 373), im einmal nicht aktiv und initiativ sein müssen, im sich fallen lassen dürfen, ohne dadurch das Image eines faulen Menschen zu bekommen, der die Möglichkeitsräume seiner Zeit nicht nutzt.

Was macht nun aber die besondere Attraktivität des Internets aus? Hierbei kann auf den medienwissenschaftlichen Begriff der technischen Konvergenz zurückgegriffen werden. Konvergenz bedeutet in diesem Zusammenhang, dass das Internet zu einem Allroundmedium geworden ist, das unterschiedliche Medienbedürfnisse wie Kommunikation, Unterhaltung und Information gleichzeitig erfüllt (Friedrichs/Sander 2010: 30). Das Internet ist damit der Universalschlüssel zur Medienwelt. Über das Internet wird der Zugang zu unterschiedlichen Medieninhalten, die traditionellerweise auf anderen Kommunikationskanälen zugänglich sind (Fernsehen, Tageszeitungen), möglich. Die zweite wichtige Attraktivitätskomponente liegt in der Möglichkeit zur aktiven Kommunikation, die das Internet eröffnet. Über 70 Prozent der Jugendlichen nutzen das Internet mehrmals die Woche, weil sie E-Mails schreiben, Communities besuchen oder per Chat kommunizieren wollen. Hieran zeigt sich, dass beim Internet besonders das aktive Moment eines „Lean-Forward-Mediums" geschätzt wird. Im Internet geht es für Jugendliche in erster Linie um aktive Kommunikation und Beziehungspflege. Zudem bietet sich das Internet aber auch als autonomer Raum an, in dem Jugendliche ihr kulturelles Leben ohne Erwachsenenbeaufsichtigung leben können, d. h., sie können ihre Kulturen praktizieren, ohne Reglementierung und Pädagogisierung durch Erwachsene unterworfen zu sein (Friedrichs/Sander 2010: 34f.).

Während die Internetnutzung in den letzten Jahren deutlich angestiegen ist, geht die TV-Nutzung zurück; vor allem hat sich aber die Art und Weise, wie Jugendliche das Fernsehen nutzen, deutlich verändert. Die Daten der österreichischen Media-Analyse zeigen, dass im Zeitraum von 2001 bis 2007 die Zahl der Jugendlichen im Alter zwischen 14 und 19 Jahren, die das Internet unmittelbar am Tag vor der Befragung genutzt haben, von 33,4 Prozent auf 66,7 Prozent gestiegen ist. Gleichzeitig ist die durchschnittliche Jahresreichweite der ORF-Programme in der Altersgruppe im selben Zeitraum von 43,5 Prozent auf 35,5 Prozent gefallen (Verein Arbeitsgemeinschaft Media-Analysen 2007).

Die Fernsehgewohnheiten der Jugendlichen unterscheiden sich von denen der Erwachsenen in vielfältiger Form. Die wichtigste Eigenheit der jugendlichen FernsehkonsumentInnen besteht darin, dass das TV-Gerät nicht mehr die ungeteilte Aufmerksamkeit der SeherInnen genießt. Jugendlicher Medienkonsum tendiert mehr und mehr zur simultanen Medienrezeption. Jugendliche nehmen das Fernsehen vielfach nur über den Laptoprand hinweg wahr, während gleichzeitig noch geskypt wird und der Mp3-Player läuft. Zudem ist die Medienrezeption von Jugendlichen durch die Dominanz eines anderen „alltagsästhetischen Schemas" (Schulze 2005: 150) bestimmt als das vieler Erwachsener. Jugendliche suchen, auch wenn sie sich beim Fernsehen passiv zurücklehnen, im TV-Programm gezielt nach spannender Unterhaltung, d. h. nach Abwechslung, dynamischen Bildern, schnellen Wechseln, unerwarteten Wendungen. Damit steht die jugendliche TV-Rezeption im Zeichen des Spannungsschemas, ein Kulturschema, in dem es unter anderem darum geht, das „Selbst gut zu stimulieren" (ebd.: 156). Die Stimulierung des Selbst erfolgt am besten durch rasante Wechsel von Sinn-, Ton- und Bilderwelten (Ferchhoff 2007: 371), durch Tempo, Abwechslung, Fragmentierung und „die Zusammenballung von Augenblicksmomenten" (Schäfers/Scherr 2005: 145).

In der Art und Weise der jugendlichen TV-Rezeption zeigt sich etwas, was Ferchhoff das „Subito-Prinzip" nennt: Die Jugend nimmt sich für nichts lange Zeit. Wünsche müssen schnell befriedigt werden, genauso wie sich Zeichen und Codes spontan und schnell entziffern lassen müssen. Ist dies nicht der Fall, dann geht man darüber hinweg, wendet sich dem nächsten, vielleicht leichter decodierbaren Text zu. Metaphorisch für ein solches Medienverhalten steht das „Zappen". Es ist das Symbol für jugendliche Ungeduld und das Gebundensein an den spontanen Zauber der Oberfläche, der sich hier und jetzt und sofort, also subito, einzustellen hat. „Ungeduldiges Zappen ist Gegenprogramm zum geduldigen Abwarten-Können, zur gelassenen Lebensplanung und zum analytisch-tiefenstrukturellen Aufsuchen eines roten Fadens." (Ferchhoff 2007: 372)

Einen deutlichen Unterschied finden wir im Medienverhalten der Geschlechter. Während die männlichen Jugendlichen ein postmodernes, an schnellen Wechseln und oberflächlichen Bildreizen ausgerichtetes Medienwahrnehmungsverhalten haben, ist der Umgang der Mädchen und jungen Frauen noch stark am traditionellen Muster der Schreib-Lesekultur ausgerichtet. Zeitschriften, Magazine, Bücher spielen in der

Lebenswelt der weiblichen Jugend eine wichtige Rolle, genauso wie dort der aktive, kultivierte Umgang mit der gesprochenen, vor allem aber mit der geschriebenen Sprache noch eine große Relevanz besitzt. So ist bei den weiblichen Jugendlichen aus den Mittelschichten das Tagebuchschreiben noch immer verbreitet und es werden Radioprogramme wie *FM4*, die das sprachlich gepflegte Feature kultivieren, besonders geschätzt.

Aus deutschen Untersuchungen wissen wir, dass Jugendliche und junge Erwachsene im Durchschnitt täglich ca. vier Stunden mit Medien verbringen (tfactory 2008b). Die größten Anteile der Medienzeit werden für Internet, Fernsehen und Radio verausgabt. Laut JIM-Studie 2008 entfallen davon in der Altersgruppe der 14-19-Jährigen 120 Minuten auf das Internet, 100 Minuten auf das Fernsehen und 97 Minuten auf das Radio (zitiert nach Friedrichs/Sander 2010: 30).

Durch den größer werdenden Einfluss der digitalen Medien kommen die Printmedien und hier insbesondere die Tageszeitungen und die gedruckten Jugend- und Lifestylemagazine stark unter Druck. Wesentlich auch hier der Hinweis auf die Unterschiede in der Mediennutzung zwischen den Geschlechtern. So nimmt die Radionutzung im Medienbudget der Mädchen und jungen Frauen einen deutlich größeren Raum ein, während das Internet von weiblichen Jugendlichen und jungen Erwachsenen etwas weniger genutzt wird als von den männlichen.

Junge Freizeitkultur als Eventkultur

Jugendliche Freizeit- und Erlebniskultur spielt sich keineswegs nur in den virtuellen Räumen der Medien ab. Mindestens genauso wichtig wie virtuelle Erfahrungen sind reale Erlebnisse im Rahmen von so genannten Events. Events gelten als etwas Außergewöhnliches, als etwas, was den Rahmen der alltäglichen Erfahrungen sprengt. „Einzigartig sind Events aber auch, weil die in ihnen angebotenen Stimuli dem Gesetz des ‚Immer mehr und immer größer' unterliegen. Ein Event, der nur das Gleiche bietet wie ein Vorgänger, ist von vornherein zum Scheitern verurteilt, weshalb auch die Veranstalter von Events deren ‚Einzigartigkeit' mit allen medialen Mitteln herausstellen und aggressiv vermarkten." (Gebhardt 2000: 20)

Zudem ist das Event auch die typische Veranstaltungsform für Jugendliche, die in posttraditionalen Gemeinschaften ihre Freizeit verbringen. Diese offenen, instabilen, ja oft flüchtigen Gruppierungen können durch das gemeinsame Erleben von Events zumindest vorübergehend zum Bewusstsein einer Zusammengehörigkeit kommen und das vor allem dadurch, dass sie ihre gemeinsame Besonderheit durch ästhetische Stilmittel öffentlich demonstrieren. Gebhardt spricht in diesem Zusammenhang sogar vom Event als „die prototypische Veranstaltungsform spätmoderner Gesellschaften": „Events sind die sozialen Orte und Zeiträume, an und in denen die Mitglieder postmoderner Gesellungsformen (wie z. B. Szenen), die im Vergleich zu den traditionalen (wie z. B. Familien) bzw. klassisch modernen Gesellungsformen (wie z. B. Verbände, Vereine, Parteien) ungleich lockerer und unverbindlicher gebaut sind, wenigstens partikular und für den Moment zum Bewusstsein ihrer selbst kommen." (Ebd.: 21)

Über Events wird unter Jugendlichen viel und gern gesprochen. Events werden einmal real erlebt und im Anschluss daran wird das Erlebte in Gesprächen viele Male aktualisiert. Events sind eines der wichtigsten Gesprächsthemen im Alltag der Jugendlichen. Das Wort Event ist eine Chiffre für ein erlebnisintensives Ereignis, das sich explizit von der Alltäglichkeit des

Lebens unterscheidet. Werte, Normen und Handlungsrouti-
nen, die den Alltag prägen, sind dort außer Kraft gesetzt. Das
Event ist das „Reich der Freiheit", das sich vom „Reich der Notwendigkeit" abhebt. Das Event erlaubt das, was im Reich der
Notwendigkeit verboten ist, was dort peinlich, übertrieben,
exaltiert erscheint. Das Event ist dazu da, jene Grenzen für die
Überschreitung zu öffnen, die man im Alltag bereitwillig akzeptiert. (Institut für Jugendkulturforschung 2009a)

So wie sich das Event als Rahmenbedingung des (Er-)Lebens
vom „normalen" Alltag objektiv unterscheidet, so unterscheiden sich die subjektiven Einstellungen und Verhaltensweisen
der Jugendlichen während des Eventbesuchs von denen, die sie
im Alltag prägen. Es ist keine Seltenheit, dass im Alltag angepasste und „vernünftige" Jugendliche beim Event alle Grenzen
und Regeln ignorieren und regelrecht die „Sau rauslassen", weil
das Event im Denken der Jugendlichen als Ort codiert ist, an
dem die Regeln und Normen des Alltags vorübergehend außer
Kraft gesetzt sind (Institut für Jugendkulturforschung 2009a).
   Die beliebteste Form des Events ist die Privatparty. Privatpartys haben in den letzten Jahren in den Jugendkulturen an
Bedeutung gewonnen. 90 Prozent der österreichischen Jugendlichen geben an, Privatpartys zu besuchen. Die Vorliebe für Privatpartys teilen Jugendliche und junge Erwachsene, männliche
und weibliche Jugendliche sowie Jugendliche in den Städten
und Jugendliche in den Regionen (Institut für Jugendkulturforschung 2009a). Warum sind die Privatpartys so populär und
warum hat ihre Popularität in den letzten Jahren so zugenom-
men? Es gibt drei Begründungen, die hier ins Treffen geführt
werden können:
- Der Versuch, öffentliche Räume, an denen Jugendkulturen
  stattfinden, stärker zu regulieren und zu kontrollieren,

führt bei Teilen der Jugendlichen zu einem Rückzug ins Private. Vor allem Jugendliche, die aufgrund ihres Alters beim Genuss von Alkohol und Nikotin oder durch restriktive Ausgehzeitenregelungen eingeschränkt werden, ziehen sich in private Kontexte zurück, in denen sie nicht-reglementiert und nicht-kontrolliert agieren können.

- Ausgehen wird immer teurer: Eintritte und Getränke haben sich in den letzten Jahren deutlich verteuert. Dies hat dazu geführt, dass auch junge Erwachsene, die bereits alle Freiheiten genießen, lieber im privaten Freundeskreis mit billig eingekauften Speisen und Getränken feiern als in der Gastronomie.

- Ein wichtiger Aspekt beim Feiern ist für Jugendliche die richtige kulturelle Codierung des Events (z. B. Musik, Design der Räumlichkeiten) und die Anwesenheit der richtigen Personen. Freunde und kulturell Nahestehende sind neben Abschalten wollen und Spaß haben die wichtigsten Gründe, warum man ein Event besucht (Institut für Jugendkulturforschung 2009a). Da viele kommerzielle Events Mainstreamveranstaltungen sind, bei denen keine Rücksicht auf spezielle Szenekulturen und -ästhetiken genommen wird, und zudem Massenveranstaltungen sind, auf denen sich alle Kulturen vermischen, werden private Events vorgezogen, weil man dort sicher sein kann, die richtigen Leute zu treffen, und zudem die ästhetischen Rahmenbedingungen selbst gestalten kann. Insofern ist das steigende Interesse an Privatpartys auch eine Folge der Individualisierung der Jugendkulturen. Der individualisierte junge Mensch ist immer weniger bereit, in der Freizeit (ästhetische) Vorgaben hinzunehmen, die von einem kulturell und ästhetisch unsensiblen Fastfood-Eventmarketing von außen an ihn herangetragen werden. Er möchte sein Feierumfeld so gestalten sehen, dass es seinen individuellen kulturellen, vor allem aber seinen symbolisch-ästhetischen Ansprüchen im hohen Maße gerecht wird.

Musik ist, wie bereits dargestellt, das wichtigste Medium und Ausdrucksmittel der Jugendkulturen. Die Musik, die man hört, dient nicht nur der Stimmungskontrolle. Ebenso ist sie ein wichtiges Stil- und Kommunikationsmittel, mit dem junge Menschen Identität konstruieren und Zugehörigkeit demonstrieren. Während Sport verbindend und integrativ wirkt, polarisiert die Musik. Musik ist ein wichtiges Mittel der Individuation, ein Stilmittel, mit dem man zeigt, wie einzigartig und besonders man ist. In einer gesellschaftlichen Gruppe, in der Musik dermaßen wichtig ist wie unter jungen Menschen, sind auch Veranstaltungen und Örtlichkeiten von großer Bedeutung, wo die Musik im Zentrum steht. Demzufolge ist es nicht verwunderlich, dass über 80 Prozent der Jugendlichen Musikfestivals besuchen, fast 70 Prozent Konzerte und über 50 Prozent Diskotheken. Und auch die populären Stadt- und Gemeindefeste werden in erster Linie wegen der dort gezeigten Musikdarbietungen besucht (Institut für Jugendkulturforschung 2009a).

Freizeit als Sport- und Körperkult

Eine zentrale Rolle in der Freizeit der Jugend spielt der Sport. Sport wird in immer größerem Ausmaß in posttraditionalen Kontexten, d. h. außerhalb von traditionellen Sportvereinen betrieben. Struktureller Rahmen der sportlichen Betätigung sind lockere, informelle Freundesgruppen, in denen gejoggt, im Park Fußball gespielt oder im Fitnesszentrum Bodystyling getrieben wird.

Das Fitnesszentrum ist die Metapher für eine neuartige, posttraditionale Sportkultur. Es bietet eine marktgerechte, professionelle Dienstleistung an, fordert dem Konsumenten aber keinerlei persönliche Bindungen und Verpflichtungen über die vertraglichen Rechtspflichten hinaus ab. Man kann kommen und gehen, wann und mit wem immer man will. Die Bestimmung des Ausmaßes der Beteiligung am sozialen Leben der Einrichtung obliegt dem Konsumenten, der zum Fitnesszentrum nicht mehr als eine „kühle", zweckrationale Geschäftsbeziehung unterhält, die ihn zu nichts anderem verpflichtet, als seinen monatlichen Beitrag zu zahlen und sich an die Hausordnung zu halten.

Im Zentrum der sportlichen Betätigung der Jugendlichen steht der Körper. In einer individualisierten Jugendkultur ist der Körper ein wichtiges Symbol und Stilmittel, um Einzigartigkeit zu demonstrieren. Durch den gestylten Körper inszeniert man sich als etwas Besonderes und generiert durch ihn gleichzeitig Identität, Anerkennung und Selbstwertgefühl. Der Körper wird so zum Sinnzentrum des Lebens, zum „Bezugspunkt für Sinnhaftigkeit" (Ferchhoff 2007: 239). Der Körper also als sinnerzeugende Instanz in einer Kultur der Sichtbarkeit, in der er gleichsam als jeder Zeit einsetzbares, mobiles Kapital fungiert, das sich deutlich offensichtlicher als soziales und kulturelles Kapital zum Einsatz bringen lässt. Damit ist der Körper auch die adäquateste Kapitalform in einer Kultur der Sichtbarkeit (vgl. Schroer 2005: 36).

Es gilt jedoch neben der symbolisch-demonstrativen Bedeutung des Körpers in einer individualisierten Gesellschaft einen weiteren Faktor zu beachten, der den gestiegenen Grad an Aufmerksamkeit für den Körper erklären hilft. Es ist dies das, was Bette als „simultan ablaufende Steigerung von Körperverdrängung und Körperaufwertung im Rahmen der modernen Gesellschaft" (Bette 2005: 23) bezeichnet. So ist der Körper in vielen gesellschaftlichen Bereichen, z. B. im Erwerbsarbeitsleben, aber auch im Haushalt oder im Bereich der Fortbewegung im Öffentlichen Raum, einem Bedeutungsverlust unterworfen worden. „Zugleich expandieren kommerzielle Sportangebote, die Menschen ihren Körper wieder spüren lassen und den gesellschaftlichen, beruflichen und technisch bedingten Bedeutungsverlust von Körperlichkeit gewissermaßen kompensieren." (Posch 2009: 126)

Der Körperkult, der sich in den Fitnesszentren inszeniert, ist also letztendlich auch als Versuch vieler junger, aber auch älterer Menschen zu bewerten, einen Körper, der im alltäglichen Lebensvollzug zweitrangig geworden ist, wieder an die erste Stelle, ins Zentrum ihrer Aufmerksamkeit und ihres Empfindens, zu rücken. Während also im „Reich der Notwendigkeit" der Körper an Relevanz verliert, entsteht in der Sphäre der freien Zeit ein Körperkult, der in letzter Konsequenz auch als Refunktionalisierung eines in der Arbeitswelt und in der alltäglichen Mobilität zusehends entfunktionalisierten Körpers zu werten ist.

Der skizzierte Bedeutungszugewinn des Körpers hat weitreichende Auswirkungen auf jugendliche Lebensmilieus und posttraditionale Vergemeinschaftungsformen. Sie sind einer zunehmenden „Versportung" unterworfen, d. h., Bodystyling und das damit verbundene demonstrative Präsentieren des Körpers rücken ins inhaltliche Zentrum vieler jugendkultureller Stilgruppen.

Wendet man sich den Sportpraxen der österreichischen Jugend zu, so zeigt sich, dass jene Sportarten dominieren, die gezielt auf die Formung des Körpers oder auf die jugendkulturelle Selbstdarstellung gerichtet sind. Traditioneller Mannschaftssport, Sport als Konkurrenz- und Leistungssport und Sport als absichtsloses Spiel zur Freude und Erbauung treten entsprechend in den Hintergrund, verlieren aber trotzdem nicht grundsätzlich an Bedeutung (vgl. tfactory 2008a).

Im Geschlechtervergleich zeigt sich, dass in den Sparten Fitness und Laufen/Joggen der Anteil der aktiven Mädchen und jungen Frauen etwas höher ist als der der Burschen und jungen Männer. Anhand dieses Ergebnisses sieht man, dass die Ausübung von Sport zur gezielten Beeinflussung und Gestaltung der Körperästhetik unter der weiblichen Jugend stärker verbreitet ist als unter der männlichen. Dagegen zeigen die männlichen Jugendlichen eine noch traditioneller geprägte Herangehensweise an sportliche Aktivitäten. So ist unter Männern der traditionelle Mannschaftssport Fußball wichtiger, obwohl wir wissen, dass auch das Fußballspiel immer häufiger unter posttraditionalen Gemeinschaftsbedingungen außerhalb von Institutionen auf Wiesen oder in Parkanlagen stattfindet, und jene Sportarten wie z. B. Snowboard gerade auch unter männlichen Jugendlichen wichtig sind, die stark mit jugendkultureller Symbolik aufgeladen sind und damit die demonstrative Inszenierung von „coolen", ästhetisch bestimmten Identitätsbildern ermöglichen.

Die starke Körperbezogenheit der Jugend führt dazu, dass auch in der soziologischen Literatur wieder häufiger über den Körper gesprochen wird (vgl. Schroer 2002, Bette 2005, Posch 2009). Mit der Aktualisierung des Körpers in der soziologisch orientierten Jugendforschung geht die Verbreitung der These, dass die Alltagskultur der Jugendlichen vom Zauber der Oberfläche beherrscht sei, einher. Damit ist gemeint, dass noch nie zuvor für eine so große Zahl an Jugendlichen die Beschäftigung mit dem eigenen Körper, mit dem eigenen Körperbild so wichtig war wie heute. Für diese These spricht eine Fülle von empirischen Befunden. Es stellt sich damit aber auch eine Fülle von neuen Fragen: Warum investieren junge Menschen so viel

Zeit in den Zauber ihrer Körperoberfläche? Warum gibt man mehr Geld denn je für „schönheitsfördernde" Dienstleistungen und sportlich-körperbildende Aktivitäten aus? Warum sind die Fitness-Center voll mit jungen Leuten, die dort an ihrem Körper arbeiten?

Im Grunde lässt sich der Körperkult als eines der Phänomene der gesellschaftlichen Individualisierung interpretieren. Wenn das Individuum zum zentralen Bezugspunkt für die Gesellschaft und für sich selbst wird, dann kommt auf dieses Individuum die Aufgabe zu, seine eigene Körperästhetik individuell zu gestalten, d. h., es muss aus sich eine besondere, unverwechselbare Erscheinung, ein einzigartiges Bild machen. Der Körper wird so zum ästhetischen Mittel, um Individualität zu demonstrieren.

Wir leben in einer Gesellschaft, die maßgeblich von den Medien beeinflusst wird. Die Medien, die uns umgeben, bestimmen nicht nur, wie wir kommunizieren, sondern auch, wie wir uns in unserem gesellschaftlichen Umfeld präsentieren. Die Medien, vor allem aber die Bildmedien, senden ohne Unterbrechung Vorschläge und Anleitungen, wie man sein Äußeres gestalten kann, um in der Öffentlichkeit gut anzukommen.

In individualisierten Zeiten ist das wichtigste Motiv der Bildmedien der Mensch selbst. Ob es nun Printmedien sind, das Fernsehen oder das Internet, im Mittelpunkt der Berichterstattung dieser Medien stehen die Versuche von Menschen, sich durch die individualistische Stilisierung ihres Körpers als etwas Einzigartiges zu positionieren. Wer in den Bildmedien reüssieren will, muss gut aussehen, muss durch seine Körperlichkeit signalisieren, dass ihm der eigene Körper wichtig ist, dass er sich um seinen eigenen Körper sorgt. Die Sorge um das eigene Körperbild wird so über Vermittlung der Bildmedien zum zentralen Anliegen der Jugend. Das widerspiegeln die Daten der

15. Shell Jugendstudie aus dem Jahr 2006: 90 Prozent der deutschen Jugendlichen im Alter zwischen 12 und 26 setzen das Anliegen „toll aussehen" an die erste Stelle der Dinge, die in ihrer Altersgruppe besonders angesagt sind (Deutsche Shell 2006).

Jugendliche ringen um das gute Aussehen. Dafür nehmen sie einiges in Kauf. So betreiben fast 50 Prozent der 11-29-jährigen ÖsterreicherInnen zwei- bis dreimal die Woche Sport (tfactory 2007). Diese sportlichen Aktivitäten finden zum großen Teil im Fitnesszentrum oder outdoor beim Joggen im Park statt. Sport wird also immer öfter nicht aus reiner Freude an der Bewegung oder gar mit dem Ziel, eine sportliche Technik zu perfektionieren, betrieben. Was perfektioniert werden soll, ist das eigene Körperbild, und zwar ganz gezielt.

Aber nicht nur auf den Körper will die (post-)moderne Jugend gestaltend einwirken. Auch die Psyche wird in den Jugendkulturen mehr und mehr zum Thema der bewussten Manipulation. Längst wird auch in psychischen Belangen nicht mehr einfach hingenommen, wie man ist. Vielmehr geht es darum, aus dem eigenen Selbst das zu machen, was in den hegemonialen kulturellen Skripten als die richtige Form der mentalen Persönlichkeit vorgesehen ist (vgl. Illoutz 2006: 124). Insgesamt ist eine psychologisierende Herangehensweise an das Leben zu beobachten und zeigt sich auch daran, dass die Mehrheit der Jugend Gesundheit in erster Linie mit psychischer oder seelischer Gesundheit in Verbindung bringt (Institut für Jugendkulturforschung 2009a). Es ist davon auszugehen, dass in den nächsten Jahren Fragen der psychischen Gesundheit für Jugendliche noch mehr als bisher an Bedeutung gewinnen werden. In diesem Zusammenhang zu sehen ist, dass das reflexive, im „Therapiejargon" geführte Gespräch über alltägliche Krisen und Probleme weite Teile der Konversation in den Jugendkulturen prägt. Hinter der stilisierten „coolen" Oberfläche der Jugendkulturen scheinen sich massenhaft verunsicherte, reflexionsbedürftige Identitäten ausgebildet zu haben, die sich des modischen „therapeutischen Diskurses" bedienen müssen, um mit dem eigenen „erschöpften Selbst" (vgl. Ehrenberg 2008) und den Anforderungen einer neokonservativen Leistungsgesellschaft oder alternativ dazu einer postmodernen Erfolgsgesellschaft einigermaßen zurechtzukommen.

DIE WERTE DER JUGEND IN ZEITEN DER MORALISCHEN KRISE

WIE EIN EGOZENTRISCHER INDIVIDUALISMUS GEMEINSCHAFTSWERTE UNTERMINIERT

Der Begriff des Wertes ist historisch betrachtet ein relativ junges Phänomen. Sein Aufstieg steht im engen Zusammenhang mit der Entstehung des kapitalistischen Wirtschaftssystems in Europa. Mit dem beginnenden 19. Jahrhundert breitet sich ein ökonomisches Nützlichkeitsdenken aus, dessen zentrale Tugend die Kaufmannstugend ist, die gewinnbringende Produktion und Distribution von Waren und Dienstleistungen. Von nun an wird jede menschliche Handlung mit Blick auf ihre ökonomische Nützlichkeit abgeklopft: Das Wertmaß allen Handelns und Tuns ist nun der Tauschwert, der Preis, den eine Ware am Markt zu erzielen in der Lage ist.

Obwohl der überwiegende Teil des Bürgertums von dem neuen Wirtschaftssystem profitierte, war einigen die totale Ökonomisierung des Lebens unheimlich. Sie versuchten ein Gegengewicht gegen die Allmacht des nationalökonomischen und betriebswirtschaftlichen Denkens dadurch zu etablieren, indem sie die ökonomischen Werte, die als Gebrauchswerte, Tauschwerte, Sachwerte, Handelswerte etc. auftraten, in dauerhaft gültige moralische Kategorien umdeuteten. Karl Marx spottete darüber, dass so versucht werde, ein inhumanes System der Verwertung und Mehrwertbildung hinter einer feierlich verzierten Fassade idealer Werte zu verbergen (vgl. Straub 2010).

Bis heute kann die gesamte Wertediskussion ihre enge Verbindung mit dem Marktkapitalismus nicht verleugnen, ist sie doch von einem der wichtigsten Prinzipien des Marktes bestimmt, der permanenten Konkurrenz. Neben jedem Wert steht ein Gegenwert und zu jedem Wertesetzer tritt ein Gegner und Widersacher. Werte sind kämpferische Begriffe, die für spezifische Interessen stehen und auf den Märkten der religiösen, politischen, wirtschaftlichen Ideologien gehandelt werden. Wer einen Wert postuliert, versucht gleichzeitig, einen konkurrierenden Wert zu entwerten, die Wertlosigkeit der Werte des Rivalen herauszustellen. Ohne den unbedingten Kampf um ihre alleinige Gültigkeit sind Werte nicht denkbar, obwohl sie ihrem Wesen nach völlig beliebige ideologische Entwürfe sind. „Denn alles, was einem Einzelnen liebenswert oder wünschenswert vorkommt, kann zu einem Wert erhoben werden, sofern es genug andere gibt, die seine Erwartungen teilen. Außerdem schließt jede Behauptung eines Wertes unvermeidlich – wie auf dem Markt – die Negation anderer Werte als minderwertig oder wertlos ein. Werte sind deshalb kämpferische Begriffe, weil deren Vertreter im Pluralismus der Meinungen und Möglichkeiten Nachteile für sich fürchten, sofern es ihnen nicht gelingt, die Ansprüche anderer Werteverfechter abzuwehren." (Ebd.: 14)

Das Werte nicht unschuldige Heilsbringer, sondern tyrannische Herrschaftsinstrumente sind, darauf hat Nicolai Hartmann bereits 1926 hingewiesen. Aus seiner Sicht hat jeder Wert die Tendenz, „sich zum alleinigen Tyrannen des ganzen menschlichen Ethos aufzuwerfen, und zwar auf Kosten anderer Werte, auch solcher, die ihm nicht diametral entgegengesetzt sind" (Hartmann nach Schmitt 2011: 48). Anknüpfend an

Nicolai Hartmann hebt Carl Schmitt die Geltungssucht, die die Wertediskussionen beherrscht, hervor: „Wer Wert sagt, will geltend machen und durchsetzen. Tugenden übt man aus, Normen wendet man an, Befehle werden vollzogen; aber die Werte werden gesetzt und durchgesetzt. Wer ihre Geltung behauptet, muss sie geltend machen. Wer sagt, dass sie gelten, ohne dass ein Mensch sie geltend macht, will betrügen." (Schmitt 2011: 41) Und weiter argumentiert Schmitt, dass jeder höhere Wert den Drang hat, den niedrigeren Wert zu unterwerfen, und der Wert als solcher danach trachtet, den Unwert zu vernichten. Im Kern vertritt Schmitt die Auffassung, „dass die ganze Wertlehre den alten, andauernden Kampf der Überzeugungen und der Interessen nur schürt und steigert" (Schmitt 2011: 49).

Gut in den Kontext dieser Argumentation passt, dass es in unserer Gegenwart in erster Linie missionierende Religionen sind, also solche, die gezielt versuchen, ihren spirituellen und weltlichen Einflussbereich auszudehnen, die den Wertebegriff und die Werteforschung als strategisches Instrument benutzen. Ein Beispiel dafür, dass der Wert ein moralischer Kampfbegriff ist, der immer auch auf einen Unwert verweist, der vernichtet werden muss, stellt die Aussage des neuen Papstes Franziskus dar, in der er die Ehe von Homosexuellen als ein Werk des Teufels bezeichnet. Im katholisch-christlichen Denken ist der höchste Wert Gott, der diesem Werte gegenüberstehende Unwert ist der Teufel. Mit seiner Aussage rückt der Papst homosexuelle Beziehungen in die Nähe des größten Unwertes den Christen kennen, in die Nähe des Teufels. Im Gegensatz dazu steht die heilige heterosexuelle Familie in einem Naheverhältnis zum höchsten Wert der Christenheit, zu Gott. Wie aggressiv die katholische Wertestrategie tatsächlich ist, zeigt sich daran, dass es für die Mehrheit der homosexuellen Paare nicht darum geht, von der Kirche anerkannt zu werden, sondern vom

Staat. Auch in Argentinien, wo der Papst seinen Bannspruch über die Homosexuellenehe ausgesprochen hat, ging es nicht um das Ehesakrament der Kirche, sondern um die staatliche Anerkennung von gleichgeschlechtlichen Partnerschaften nach säkularem Recht. Keiner zwingt die katholischen Christen auf der ganzen Welt dazu, eine homosexuelle Beziehung einzugehen und diese vom Staat anerkennen zu lassen. Warum es aber auch all denen verweigern, die fern von der katholischen Ethik und Moral leben? Der Grund liegt in der Intoleranz, die dem Wertedenken prinzipiell und fundamental eingeschrieben ist. Denn wer Wert sagt, der will „geltend machen und durchsetzen", und er will den andauernden Kampf bis zur endgültigen Durchsetzung seiner Überzeugungen und Interessen.

Heute sind Werte vielfach Gegenstand der Markt- und Meinungsforscher. Mit den Ergebnissen von Marktstudien wird versucht, die Verbreitung von Werten in der Bevölkerung zu objektivieren und damit bestimmten Werten Legitimität zu verschaffen. Ein stark umkämpftes Feld ist das der Zukunftswahrnehmung, denn die Zukunft ist der neue Götze einer gottlosen Zeit, die der Vergangenheit und ihren Traditionen kaum mehr eine Bedeutung beimisst. Vor auf Vermutungen gestützten, vor allem aber interessengebundenen Zukunftsentwürfen hat sich alles zu rechtfertigen, was heute getan und gesagt wird. Vielen Wertesetzern gemein ist das Bedürfnis, auf eine Jugend verweisen zu können, die optimistisch in die Zukunft blickt, denn eine zuversichtlich nach vorne blickende Jugend gilt als Beweis für die Richtigkeit der Gegenwart. Aber entgegen allem Wünschen und Wollen sind die Zukunftserwartungen der Jugend widersprüchlich, um nicht zu sagen inkonsistent und diffus. In der Soziologie spricht man vom „Optimismus-Pessimismus-Paradox", wenn man die Zukunftsperspektive der heutigen Jugend diskutiert. Denn wir haben es mit einer Jugend zu tun, deren große Mehrheit (64 Prozent) der persönlichen Zukunft mit großer Zuversicht entgegensieht, unter der sich aber nur eine eklatante Minderheit (22 Prozent) findet, die der gesellschaftlichen Zukunft etwas Positives abzugewinnen in der Lage ist. Überspitzt formuliert sieht die Jugend in einer untergehenden Gesellschaft ihre persönlichen Interessen als durchaus verwirklichbar an. Eine wahrlich paradoxe Haltung. Zum „Optimismus-Pessimismus-Paradox" passt auch, dass die Jugend insgesamt eine Tendenz zur Gesellschaftsskepsis und zum Gemeinschaftsoptimismus aufweist. Drei Viertel der Jugendlichen wollen sich in erster Linie für die engagieren, die ihnen nahe stehen, das Interesse an Politik als Repräsentation des großen gesellschaftlichen Kontextes ist gering, die Engagementbereitschaft für politische Parteien genauso. Wenn sich Jugendliche politisch einmischen, dann punktuell und in erster Linie, um auf Missstände hinzuweisen, die sie persönlich betreffen (z. B. die Aktion Uni brennt an der Universität Wien 2009/2010) oder in der aussichtslosen Position von idealistischen, hochmoralischen Weltverbesserern (siehe die Occupy-Bewegung), die im schlimmsten Fall dann, wenn sie wirklich etwas erreichen (z. B. Arabischer Frühling), von den alten Eliten im neuen Gewand oder neuen Eliten mit alten absoluten Herrschaftsansprüchen wieder zur Seite geschoben werden. Die rebellische Energie der Jugend wird von den Machteliten immer häufiger dazu missbraucht, Entwicklungen anzustoßen, die sie dann auf halbem Wege abstoppen oder in eine andere, meist wirtschaftskompatibel-reformistische Richtung kanalisieren.

Generell zeigt sich bei der Jugend ein neues Verhältnis in der Mischung von Pflicht- und Akzeptanz-Werten und Selbstverwirklichungswerten. Die Koexistenz der gegensätzlichen Wertebündel ist aber in der Regel nicht harmonisch, vielmehr spielen sich im Inneren der Jugendlichen permanente Kämpfe darüber ab, ob nun gesellschaftliche Notwendigkeiten oder persönliche Bedürfnisse in eine prioritäre Position kommen dürfen. Wie in der Gesellschaft so stehen sich auch im Inneren des Menschen die Werte mit dem absoluten Anspruch auf ihre Durchsetzung gegenüber. Entgegengesetzte Werte geben niemals Ruhe. Sie müssen permanent bearbeitet und kontrolliert werden.

Postmaterialismus oder Wertesynthese?

Die große Wende in den Werthaltungen der jungen MitteleuropäerInnen nach dem Zweiten Weltkrieg wurde durch die '68er Bewegung symbolisiert. Sie war Ausdruck dafür, dass die so genannten „postmaterialistischen Werte" an Einfluss gewonnen hatten. Der Amerikaner Ronald Inglehart, auf den der Begriff „Postmaterialismus" zurückgeht, sieht vor allem die Jugend als Träger dieses Wertewandels, der im Kern aus einer Hinwendung zu den ethischen Grundsätzen einer nicht-instrumentellen Lebensführung besteht. Ästhetische Kreativität, individuelle Selbstverwirklichung, Schutz der Natur etc. treten an die Stelle von materialistischen Idealen wie Karriere, Reichtum, demonstrative Statusinszenierungen und überspitzte Sicherheitsbedürfnisse (vgl. Inglehart 1989: 90f.). Den jungen Menschen des postmaterialistischen Zeitalters der 1960er und 1970er Jahre geht es vorrangig um ein freies, selbstbestimmtes Leben, das weniger stark vom Einfluss tradierter Konventionen abhängt, und um eine authentische, nicht entfremdete, nicht primär an egoistischen Zwecken ausgerichtete Lebensführung.

Schon in den 1980er Jahren tritt der deutsche Soziologe Helmut Klages der Postmaterialismustheorie von Ronald Inglehart entgegen. Klages bestreitet nicht, dass postmaterialistische Selbstentfaltungswerte dabei sind, an Bedeutung zu gewinnen. Er glaubt nur nicht wie Inglehart, dass diese die materialistisch geprägten Pflicht- und Akzeptanzwerte radikal verdrängen würden. Vielmehr weist er aufgrund empirischer Untersuchungen auf die gleichzeitige Existenz von Selbstentfaltungswerten und Pflicht- und Akzeptanzwerten in einer mittelstarken Ausprägung hin. „Es kann heute zusammenfassend festgestellt werden, dass die Pflicht- und Akzeptanzwerte (...) keineswegs zerstört, ausgelöscht oder in die Bedeutungslosigkeit verdrängt wurden. Vielmehr ergaben sich Einbußen, die dazu führten, dass diese Werte, die vorher überwiegend hohe Ausprägungen besessen hatten, durchschnittlich gesehen auf mittlere Ausprägungsgrade reduziert wurden. Umgekehrt wurden die Selbstentfaltungswerte, die vorher überwiegend niedrige Ausprägungen gehabt hatten, im Gesamtdurchschnitt der Bevölkerung in mittlere Ausprägungslagen emporgehoben." (Klages 1988: 58)

Für Klages besteht die zentrale Problematik, deren Lösung für die Zukunft unseres Gemeinwesens entscheidend sein wird, darin, ob es einer Mehrheit der Menschen gelingen wird, zwischen Pflicht- und Akzeptanzwerten einerseits und Selbstentfaltungswerten andererseits eine Synthese herzustellen. Die Herausforderung für das Individuum besteht darin, einen Ausgleich zwischen Realitäts- und Lustprinzip zu finden (ebd.: 147). Zur Herstellung der Wertesynthese sind wertepolitische Rahmenbedingungen notwendig, die den Menschen gemeinschaftliche und gesellschaftliche Verantwortungsrollen anbieten und sie dazu motivieren, diese Rollen auch aktiv zu übernehmen. Für Klages ist das aktive Handeln der Menschen in gemeinschaftsbezogenen Verantwortungsrollen eine wichtige Voraussetzung dafür, die sie zur Wertesynthese befähigt, weil aktives Handeln in Verantwortungsrollen einerseits das Ausagieren von autozentrischen Selbstverwirklichungsbedürfnissen ermöglicht, andererseits aber auch die Einsicht in die

Notwendigkeit von gesellschaftlichen Institutionen und die Akzeptanz allgemeingültiger Normen befördert (vgl. ebd.: 149).

Das ambivalente Erbe der '68er

Trotz des guten Klangs, den die postmaterialistischen Programmatiken nach wie vor in den Ohren der egozentrischen Individuen der Gegenwart haben, und der hohen gesellschaftlichen Akzeptanz für die große Erzählung von der individuellen Selbstverwirklichung in gemeinschaftlicher Verantwortung, tritt immer stärker ein Diskurs in den Vordergrund, der auf die Ambivalenz des ethisch-moralischen Erbes der 1968er Bewegung verweist.

Diese Ambivalenz äußert sich im Gegensatz von positiv zu bewertender Demokratisierung der Gesellschaft in Folge der Durchsetzung von autozentrischen Werten der Selbstverwirklichung, die zu einer größeren Akzeptanz für die individuellen Bedürfnisse und Interessen der BürgerInnen von Seiten des politischen Systems geführt hat, und der negativ zu bewertenden Verstärkung von hedonistisch-individualistischen Tendenzen, die ein egozentrisches Individuum auszuprägen drohen, das sein Leben in erster Linie an Nutzen- und ästhetischen Selbstverwirklichungswerten ausrichtet. Im Zuge des postmaterialistischen Wertewandels, so die kritischen Kommentare zu einem sich mehr und mehr in puren Egoismus wandelnden Individualismus, beginnen sich Gemeinschaftsbindungen und kollektive Verbindlichkeiten zu lockern. Anstelle eng verbundener, langfristig stabiler Gemeinschaftsbeziehungen treten schwach gebundene soziale Netzwerke. Die Beunruhigung in den Sozialwissenschaften über diese Entwicklung ist zum Teil so groß, dass der deutsche Soziologe Ronald Hitzler in radikaler inhaltlicher Umkehrung der berühmten Aussage Immanuel

Kants vom „Ausgang der Menschen aus seiner selbstverschuldeten Unmündigkeit" (Kant 1999: 20) die Notwendigkeit des „Ausgangs des Menschen aus seiner selbstverschuldeten Mündigkeit" (vgl. Hitzler 1997) postuliert. Das „überbefreite" Individuum soll sich wieder mehr in die Gemeinschaften zurücknehmen, weniger Energie in die Selbst- und mehr in die Gemeinschaftsverwirklichung stecken.

Neo-Materialismus und Ökonomisierung des Sozialen

Schon in den 1980er Jahren beginnt sich zudem eine Tendenz zu zeigen, die darin besteht, dass die weiter aufstrebenden Selbstverwirklichungswerte in eine enge Beziehung mit einem neuen Materialismus treten. Selbstverwirklichung ist damit nicht mehr länger im Kontext eines selbstlosen, idealistischen Engagements für eine bessere Gesellschaft zu sehen, sondern unmittelbar mit der persönlichen Vorteilsgewinnung durch die Aneignung von materiellen Gütern und Dienstleistungen verbunden. Es ist nicht mehr die selbstlose Tat, die Ansehen und Ehre verleiht, sondern der materielle Erfolg in Verbindung mit dem demonstrativen Konsum von statusbildenden Waren und Dienstleistungen. Anstelle des ideellen Lohnes durch ein Ehrenamt tritt in konsequenter Realisierung des Grundsatzes, dass Anerkennung im Kapitalismus allein durch Geld ausgedrückt wird, ein materialistisches Belohnungsprinzip, in dem das Geld zum wichtigsten vermittelnden Medium zwischen den Menschen und der Gemeinschaft wird. Wo es früher in Staat und Gesellschaft um die Ehre ging, geht es heute um Geld und Macht.

Hintergrund dieses sich den Werthaltungen der Menschen nachhaltig aufprägenden Materialismus ist das, was Heitmeyer als den Wandel der Marktwirtschaft zur Marktgesellschaft beschreibt (vgl. Heitmeyer 2007). Dieser Wandel bewirkt, dass sich die Imperative des Marktes in alle gesellschaftlichen Diskurse einschreiben. Was das für das Gemeinwesen bedeuten könnte, soll ein kurzer Blick auf den Gesundheitssektor zeigen. Dort werden zukünftig in erster Linie solche Behandlungen und Medikationen zugelassen werden, die nach einer volkswirtschaftlichen Logik zweckmäßig sind. So wird wohl einer Siebzigjährigen eben kein neues Hüftgelenk eingesetzt werden, da sie nicht mehr in der Lage sein wird, den in sie investierten finanziellen Aufwand durch volkswirtschaftlich relevante Leistungen zu refinanzieren.

Bestätigung für die Verallgemeinerung ökonomischer Prinzipien und deren Einschreibung in die Diskurse unterschiedlichster Praxisfelder liefert auch der gerade in letzter Zeit wieder aufflammende Versuch, die Körperpraxen der Menschen dem ökonomischen Nutzendiktat zu unterwerfen. Der menschliche Körper ist dafür prädestiniert, ins Visier auch der einfachen Geister und Propagandisten des neoliberalen Nutzendenkens zu geraten. Einer der kleinen Ideologen, in deren Argumenten sich die ökonomistischen Prinzipien des Neoliberalismus widerspiegeln und der das ökonomische Paradigma unverhohlen gegen eine individuelle, selbstbestimmte Körperpraxis der Menschen in Stellung bringt, ist der Tiroler Bodybuilding-Consultant Dr. Kurt Moosburger. Er fordert eine „Dickensteuer", um die durch Übergewicht verursachten Kosten im Gesundheitswesen auf diese Weise refinanzieren zu können, und erntet damit durchaus Zustimmung in Teilen der Politik. „„Eine Diskussion über eine Dickensteuer ist längst fällig', meint Sport- und Ernährungsmediziner Kurt Moosburger, der sich für mehr Aufklärung und Bewegung einsetzt. Denn Adipositas kostet uns jährlich laut Apothekerkammer bis zu 1,1 Mrd. Euro." (http://www.oe24.at/oesterreich/chronik/Experten-fordern-Dicken-Steuer/21914188, 24. April 2011) Vor dem Hintergrund

solcher, von einzelnen politischen Entscheidungsträgern wohl-
wollend zur Kenntnis genommenen Forderungen entlarven sich
politische Diskurse, die von der zunehmenden körperlichen
Selbstbestimmung des Menschen handeln, als PR-Manöver
mit geringem Wahrheitsgehalt. Denn im Gegensatz dazu geht
es offensichtlich heute mehr denn je um die Unterwerfung der
individuellen Körperlichkeit des Menschen unter das Diktat
eines sich als Gemeininteresse ausgebenden ökonomischen
Nützlichkeitsdiskurses.

Wenn wir über Fragen der Ethik und der Moral diskutieren
wollen, ist es notwendig, einige Schlüsselbegriffe zu klären, in
unserem Kontext vor allem die Begriffe „Wert" und „Norm".
Die Diskussion über Werte, Wertewandel und Werteverlust
taucht in Zeiten der Unsicherheit und der starken Struktur-
umbrüche häufig auf. Gerade in solchen Perioden verlangen
die Menschen nach allgemeinen, immer und überall gültigen
moralischen Grundsätzen, um durch sie wieder klare ethische
Orientierungen und praktisch nützliche Weltdeutungskrite-
rien zu haben.

    Einer der wichtigsten Wertetheoretiker der Gegenwart ist
der deutsche Soziologe Hans Joas. Er unterscheidet zwischen
Werten und Normen. Für Joas stehen im Mittelpunkt des Wer-
tebegriffs „attraktiv-motivierende" Momente, während der
Charakter der Norm „restriktiv-obligatorisch" ist (vgl. Joas
1999: 288). Dies bedeutet, dass Werte immer auf ein Sollen gerichtet sind und damit eine für die Gesellschaft als Ganzes, aber
auch für einzelne kleine Gemeinschaften Regulierungs- und
Orientierungsfunktionen haben, „die auf die Einsicht der Menschen, auf ihre Selbstbindung und Selbstverpflichtung zählen"
(Fenner 2010: 7). Im Gegensatz dazu sind Normen verbindliche
Regelungen, deren Übertretung Rechtsverletzungen darstellen,

die zum Beispiel durch die staatliche Gerichtsbarkeit negativ sanktioniert werden können.

Ganz im Kontext der Definition von Joas steht auch der amerikanische Strukturfunktionalist Talcott Parsons. Für ihn drücken Werte keine Wünsche aus, sondern das, was wünschenswert ist. „A value is not just a preference but is a preference which is felt and/or considered justified." (Zitiert nach Joas 1999: 32) Normen sind für Parsons Spezifizierungen von allgemeinen Werten, die sich verbindlich auf bestimmte Handlungssituationen beziehen, d. h., Normen sind im Gegensatz zu Werten nicht allgemeingültig, sondern nur in Bezug auf eine bestimmte soziale Konstellation relevant (vgl. ebd.: 32ff.). Auch bei Jürgen Habermas ist die Unterscheidung zwischen Werten und Normen in erster Linie eine Frage der Reichweite ihrer Gültigkeit. Für Habermas haben Werte, im Unterschied zu Parsons, nur eine eingeschränkte Gültigkeit. Diese beschränkt sich auf eine bestimmte kulturelle Gemeinschaft und erscheint dort in der Form von Riten und Ritualen. Im Gegensatz dazu sind bei Habermas Normen Pflichten von universeller Gültigkeit. Eine typische universelle Norm sind die Menschenrechte. Sie gelten überall, über alle kulturellen Grenzen hinweg (ebd.: 33).

Aber noch ein wichtiger Aspekt der Habermas'schen Werte- und Normendiskussion ist hervorzuheben. Für Habermas sind Normen nicht von ewiger Gültigkeit und sie existieren nicht, wie zum Beispiel in der materialistischen Wertetheorie von Max Scheler, ohne Zutun der Menschen als Absolutum, das von außerweltlichen, metaphysischen Instanzen ausgeht. Normen entstehen nach Habermas im Diskurs durch die Zustimmung der von ihnen betroffenen Personen und sind im Zuge eines diskursiven Verfahrens auch wieder veränderbar. Habermas nennt deshalb seine Werteethik auch Diskursethik (vgl. Horster 2009: 108ff.).

In welchem Verhältnis stehen Werte nun zum Handeln der Menschen? Welche handlungstheoretische Bedeutung haben sie? Sind sie, wie Klages meint, tatsächlich „handlungsleitende Führungsgrößen" (zitiert nach Tamke 2008: 193) oder sind es ganz andere Instanzen, die das menschliche Handeln motivieren? Als zu den Werten alternative Handlungsmotive in der wissenschaftlichen Literatur stehen vor allem Triebe, Zwänge und rationale Nutzenüberlegungen zur Disposition (vgl. ebd.).

Rationale Nutzenüberlegungen werden vor allem von der philosophischen Schule des Utilitarismus als zentrale Handlungsmotive in Stellung gebracht. Im Gegensatz zum Normativismus, der ein wertegesteuertes menschliches Sein postuliert, gehen die Utilitaristen davon aus, dass das menschliche Handeln durch persönliche Nutzenüberlegungen, Interessen und Präferenzen bestimmt ist (vgl. Horster 2009: 40ff).

Auf einen Widerspruch zwischen Wertediskurs und der Handlungspraxis der Menschen weist Michael Stocker mit seiner These von der „Schizophrenie der modernen Ethik" hin. Stocker meint zu sehen, dass in der Handlungspraxis des postmodernen Menschen Handlungsgründe und Handlungsmotive (Werte) auseinanderzufallen beginnen respektive dieses Auseinanderfallen schon in den modernen ethischen Theorien angelegt ist (vgl. Stocker 1998: 26).

Viel radikaler bringt die Unvermitteltheit von Wertediskurs und Handlungspraxis Niklas Luhmann zum Ausdruck, indem er nicht ohne Ironie feststellt, dass Werte wie Luftballons sind, die das Jahr über irgendwo aufbewahrt werden, um sie dann zu hohen Feiertagen steigen zu lassen. „Werte sind also nichts anderes als eine hochmobile Gesichtspunktmenge. Sie gleichen nicht, wie einst die Ideen, den Fixsternen, sondern eher Ballons, deren Hüllen man aufbewahrt, um sie bei Gelegenheit aufzublasen, besonders bei Festlichkeiten." (Luhmann 1998: 342)

Sowohl Stocker als auch Luhmann weisen zumindest implizit darauf hin, dass Werte auf der deklamatorisch-diskursiven Ebene stecken bleiben können und damit ohne orientierende Wirkungen auf das menschliche Handeln bleiben. Werte wären dann nichts anderes als eine moralische Aufhübschung für utilitaristisch handelnde hedonistische Egoisten, die in ihrer eigenen Lust die einzige Rechtfertigung für ihr Handeln sehen (vgl. Stocker: 23ff).

Wertewandel und Werteverschiebung

Die Wertediskussion der letzten Jahrzehnte ist vom Begriff des Wertewandels geprägt. Dabei stellt sich die Frage, inwieweit sich hinter dem Begriff des Wertewandels nicht eine fundamentale Verschiebung innerhalb des Wertetableaus verbirgt. Für Ottfried Höffe hat eine Theorie der Tugend (die Begriffe Wert und Tugend werden in der Literatur häufig als Synonyme verwendet) bei der Unterscheidung zwischen instrumentellen/ funktionalen und moralischen Tugenden oder Werten anzusetzen (Höffe 1998: 46ff.). Instrumentelle Tugenden bezeichnet Höffe als sekundäre Tugenden im Gegensatz zu moralischen oder primären Tugenden. Als primäre Tugenden gelten Hilfsbereitschaft, Toleranz, Gerechtigkeit oder Tapferkeit. Unter sekundären Tugenden werden Pünktlichkeit, Fleiß, Ordnungsliebe, Sparsamkeit etc. verstanden (vgl. ebd.). Für Höffe stehen die sekundären Tugenden im Kontext des von Max Weber konstatierten Geistes des Kapitalismus, der Diskurse und Handlungsweisen privilegiert, die sich entlang der ökonomischen Logik des kapitalistischen Systems bewegen. Aufgrund ihres rein funktionalen Charakters können die Sekundärtugenden als reines Mittel zum Zweck außerhalb des Rahmens einer moralischen Ordnung angewendet werden. Sie können als

Handlungsgrundlage genommen werden, ohne dass sie sich an einem moralischen Prinzip, wie zum Beispiel dem der Gerechtigkeit, messen lassen müssen. Zudem besteht bei sekundären Tugenden die Gefahr, dass sie kritischen Diskursen entzogen werden, indem sie quasi als naturgegebene, überzeitlich wirksame Sinn- und Regelhaftigkeiten dargestellt werden. „Es droht – so ein zweites Element einer Theorie der Tugend – jene Verschiebungsgefahr, die statt der Primärtugenden die Sekundärtugenden in den Vordergrund rückt." (Ebd.: 47)

Konsequent weitergedacht führt an dieser Stelle kaum ein Weg an der These vorbei, dass das in den Vordergrund Treten der Sekundärtugenden und die gleichzeitige Herabstufung der Primärtugenden zur Feiertagsphraseologie mit der Ökonomisierung des Sozialen zusammenhängen muss. Im Kontext einer zweckrationalen Ökonomie, in der der Zweck nahezu jedes Mittel heiligt, geraten die sekundären Tugenden dem Einzelnen zu hochgradig funktionalen Handlungsprinzipien, die aufgrund ihrer moralischen Neutralität keinerlei Schuld- oder Schamgefühle bewirken können. Alle Handlungen sind erlaubt, die zum selbstdefinierten Ziel führen. Und keine noch so drastische Handlungsfolge kann das Gemüt bedrücken. Der Mensch ist frei, nach seinen Lüsten und Zwecken zu handeln, und dem „hedonistischen Egoisten" wird die Tür zum dominierenden Handlungstypus weit geöffnet (vgl. Stocker 1998: 23).

Zur Synthese von „self-regarding virtues" und „other-regarding virtues"

Wir leben in einer Gesellschaft, in der sich Sinnkrisen und subjektiv empfundenes Unglück offenbar ausbreiten. Als Indikatoren dafür können der massenhafte Gebrauch von Psychopharmaka und die sich quantitativ stark ausbreitende Nutzung von Psychotherapie- und Lebenshilfeangeboten herangezogen werden (vgl. Presseerklärung der GKK-Salzburg: www. geschaeftserfolg.at/lebensqualitaet/recherchen/pk/gkk.pdf; 29. April 2011).

Ganz offensichtlich bewahrheitet sich hier die aristotelische Formel, dass der Mensch nur dann in den Genuss des eigenen Wohls kommen kann, wenn er in seinem Handeln gleichzeitig auch das Wohl der anderen berücksichtigt. Der Mensch hat zu vergessen begonnen, dass für ein erfülltes und glückliches Leben eine Synthese zwischen „self-regarding" und „other-regarding virtues" (vgl. Höffe 1998: 43) notwendig ist. Die aristotelische Glücksformel erinnert frappant an die von Klages vertretene Wertesynthese, in der es auch um die Verbindung von autozentrischen und nomozentrischen Werten geht (vgl. Klages 1988: 64).

Es ist offensichtlich, dass die Wertesynthese im Sinne von Helmut Klages und Aristoteles unter Jugendlichen genau so wenig gelingt wie unter Erwachsenen. Vielmehr zeigt sich immer häufiger ein auf die Gemeinschaft orientiertes Handeln, das nicht die Beförderung der Ziele des Kollektivs, sondern die Realisierung des individuellen Nutzens zum Zweck hat. An Gemeinschaften interessiert nicht mehr das, was diese selbst sind, ihre Ziele, ihre Werte etc., sondern nur mehr das, was man durch die Teilnahme an ihnen erreichen kann.

Es scheint zudem normal geworden zu sein, selbst die eigenen Mitmenschen dem Zweckprinzip zu unterwerfen. Der Wert des Menschen an sich tritt hinter dem Nutz- oder Tauschwert zurück, dessen Träger er ist. Der Mensch ist austauschbar geworden, ersetzbar durch einen anderen Menschen, der Träger nützlicherer Eigenschaften, Fähigkeiten oder Kontakte ist. Um es mit Michael Stocker zu sagen: „Individuen sind also nicht wichtig, sondern nur ihre Wirkung auf uns; sie sind vollkommen austauschbar – nämlich durch etwas anderes, das dieselbe Wirkung hervorbringt." (Stocker 1998: 24) In der Verzweckung der Zwischenmenschlichkeit, der Verwandlung des lebendigen Individuums in totes, austauschbares Sozialkapital, kommt die Dominanz der „self-regarding virtues" über „other-regarding virtues" zum Ausdruck.

Indem der egozentrische Individualismus den Wert der Gemeinschaftlichkeit zu überragen beginnt, wird Freundschaft immer weniger möglich, ist sie doch von der Vorstellung abhängig, „etwas um eines anderen willen zu tun oder sich um einen Menschen nur um dieses Menschen willen zu sorgen" (ebd.). In der Verzweckung der Freundschaftsbeziehungen könnte durchaus auch der Grund dafür liegen, dass die jungen Menschen unserer Tage viele Bekannte und äußerst wenige Freunde haben, denn die verbreitete instrumentelle Zwischenmenschlichkeit ist in erster Linie oberflächliche, flüchtige Bekanntschaften zu generieren in der Lage. Hier kommt einem die facebook-Kultur in den Sinn, in der junge Menschen Kontakte sammeln und die Anzahl dieser Kontakte gleichzeitig über ihren Status in der Gleichaltrigengruppe entscheidet. „Desto mehr Bekannte, desto mehr Fame", wie es ein Jugendlicher in einer Fokusgruppe einmal ausgedrückt hat. Zu den vielen Bekannten, die die Kids berühmt machen, halten sie Distanz, sie nutzen die Kontakte nur dann, wenn sie sie brauchen. In der Regel verwenden sie die Bekannten als anonyme statistische Masse zur Erhöhung des eigenen Ansehens.

Die Werte der Wiener Jugend und der Fall Strasser

„Self-regarding virtues" sind auch das zentrale Antriebsmoment, die basale Motivation vieler AkteurInnen der Politik geworden. Das zeigen aktuelle Politikskandale rund um Ernst

Strasser, Karl Heinz Grasser und den PR-Unternehmer und Politikberater Peter Hochegger (zu allen diesen siehe die entsprechenden Wikipedia-Chroniken). Ihr Handeln spiegelt Gemeinschaftsorientierung lediglich vor, wirklich getragen ist es vom puren Egoismus. Gemeinschaftstugenden sind bei Strasser und Co. als Handlungsmotive abwesend. An ihre Stelle tritt eine Grundorientierung, die von einem hedonistischen Egoismus geprägt ist, hinter den die Realitätserfordernisse der Gemeinschaftlichkeit zurückzutreten haben.

Dementsprechend gering ist das Vertrauen der Jugend in die Politik, wie eine Studie des Instituts für Jugendkulturforschung am Beispiel 16-19-jähriger WienerInnen zeigt. Lediglich eine Minderheit von 5 Prozent hat noch großes Vertrauen in die Politik. Vor allem bei den männlichen Jugendlichen ist das Misstrauen groß. Bei den jungen Frauen ist der Anteil derer, die noch über ein diffuses Grundvertrauen ins Parteiensystem verfügen, höher (Institut für Jugendkulturforschung 2011).

Vor allem die „Cash-for-Laws"-Affäre um den EU-Parlamentarier Strasser wurde von vielen Jugendlichen als eine große politisch-moralische Erschütterung erlebt. Insbesondere die Angehörigen der Bildungsschichten sind moralisch sensibel. 80 Prozent dieser Gruppe meinen nun, dass Leute wie Ernst Strasser in der Politik nichts verloren haben. Angehörige von bildungsferneren Milieus zeichnen sich durch eine geringer ausgeprägte moralische Sensibilität aus. Gerade einmal 50 Prozent sprechen sich dezidiert gegen einen Politikertypus, wie ihn Strasser repräsentiert, aus. Teile der anderen 50 Prozent bewundern sogar insgeheim erfolgreiche Gauner und Durchstecher wegen ihrer Coolness und ihres unverhohlenen Egozentrismus. Sie meinen, dass in solchen Personen die wahre Natur des Menschen (des Mannes?) zum Ausdruck käme. Es wäre zu fragen, auf den Einfluss welcher Sozialisationsinstanzen diese asozialen Ideale zurückgehen, Elternhaus, Schule, Arbeitsplatz, Medien, um die wichtigsten zu nennen, die zu dermaßen offensiv vorgetragenen positiven Bewertungen von asozialen Verhaltensweisen führen. Das Fatale am Fall Strasser besteht aber nun vor allem darin, dass die Jugendlichen ihn als pars pro toto sehen. Sie schließen vom Einzelfall auf das Ganze der Politik: 50 Prozent der Befragten meinen, dass Ernst Strasser typisch für die gesamte PolitikerInnenklasse sei.

Es zeigt sich, dass der Fall Strasser fatal für das Ansehen der Politik insgesamt ist. Gerade deshalb, weil es Strasser verstand, sich vor dem Skandal ein Saubermannimage aufzubauen, indem er sich als Volkstribun und Ehrenmann inszenierte. Aufgrund der großen Fallhöhe und der großen Differenz zwischen dem alten Schein und der neuen Wirklichkeit hat sein abrupter Absturz eine besonders starke Wirkung, die das Ansehen der Politik in einer Form schädigt wie schon lange kein Skandal mehr davor. Die negative Wahrnehmung des Falles Strasser ist auch deshalb so dramatisch, weil sich durch die über das Internet für jeden zugänglichen, mit geheimer Kamera aufgenommenen Videodokumente die moralische Verworfenheit und Kaltschnäuzigkeit der Vorgehensweise des Ex-Ministers in aller Authentizität zeigt. Durch die Videoaufnahmen wurde das, was sonst mutmaßlich hinter verschlossenen Türen passiert, ungeschminkt auf die Bühne der Öffentlichkeit gestellt.

Politik im Zeichen des hedonistischen Egoismus?

Einen weiteren Aspekt gilt es noch näher zu beleuchten. Er betrifft die Position der bildungsfernen Schichten zum Thema unmoralisches Handeln in der Politik. Wie die Studie des Instituts für Jugendkulturforschung zu den Werten der 16-19-jährigen WienerInnen zeigt, findet der von Michael Stocker in die

Diskussion eingeführte Typus des „hedonistischen Egoisten", der sich dadurch auszeichnet, dass er in seiner eigenen Lust die einzige Rechtfertigung seines Handelns sieht, unter einem großen Teil der bildungsfernen Jugend Akzeptanz (Institut für Jugendkulturforschung 2011). Ist man selbst nicht in der Lage, sich in der Rolle des hedonistischer Egoisten auf der großen Bühne der Gesellschaft zu inszenieren, so bewundert man zumindest jene, die die Möglichkeit dazu haben und mit aller Konsequenz nur vom persönlichen Nutzen geleitet agieren. Die hedonistischen Egoisten in der Politik führen quasi stellvertretend für die vom sozialen Aufstieg ferngehaltenen bildungsfernen Jugendlichen jene unmoralischen Rollen auf großer Bühne auf, die diese selbst nur auf der kleinen Nebenbühne ihrer Alltagsexistenz spielen können. Und so bewundert der kleine Gauner den großen Gauner, der ihm ein Vorbild ist, von dem er weiß, dass er es niemals erreichen wird.

Entsprechend dieser Bewunderung für unmoralisch-egozentrische Menschen in der Politik stimmen fast 35 Prozent der Wiener Lehrlinge der Aussage zu: „Ich finde Strasser gut, weil er für sich persönlich herauszuholen versucht hat, was geht." Im Gegensatz zu den Lehrlingen finden sich unter den Studierenden und SchülerInnen höher bildender Schulen sehr wenige (ca. 8 Prozent), die dieser Aussage etwas Positives abgewinnen können. Es steht die Befürchtung im Raum, dass ein großer Teil der Lehrlinge vom individualistischen Nutzendenken geleitet wird und damit noch keine oder kaum praktische, affektiv aufgeladene Erfahrungen mit dem aristotelischen Tugendprinzip gemacht hat, nach dem nur derjenige wirkliches Glück empfinden kann, der in seinem Handeln auch das Glück seines Mitmenschen berücksichtigt. Zudem kann davon ausgegangen werden, dass alle diese Lehrlinge noch niemals die Möglichkeit hatten, in einer Verantwortungsrolle zu handeln. Nach Helmut

Klages ist ein solches verantwortliches Handeln eine unabding-
bare Voraussetzung für das Gelingen einer Synthese zwischen
Lust- und Realitätsprinzip, die die Voraussetzung für die Ausprägung von Primärtugenden und von Empathie für die Mitmenschen ist. Wie Aristoteles, der meinte, dass man das Spiel
der Kithara dadurch erlernt, dass man sie spielt, entsteht für
Helmut Klages Demokratiefähigkeit und Moralität dadurch,
dass man in der Praxis demokratisch und moralisch handelt.
Es folgt also nicht das Handeln aus dem Wissen, sondern das
Wissen aus dem Handeln.

Handlungsgründe und Handlungsmotive

Dass das Handeln junger Menschen nicht von einem einzigen
Handlungsgrund abhängt, zeigt die Frage nach den Handlungsmotiven in alltäglichen Lebenssituationen. Junge Menschen
werden sowohl von ideellen Werten als auch von Gefühlen,
persönlichen Nutzenüberlegungen und von materiellen Anrei-
zen zum Handeln motiviert. Hervorstechend ist, dass nur noch
für wenige Jugendliche Handlungsmotivationen von den Weltanschauungen einer politischen Partei oder den Werten einer
Religionsgemeinschaft ausgehen. Offensichtlich handelt es sich
sowohl bei Parteien als auch Kirchen um Institutionen, von
denen kaum mehr moralisch-orientierende Impulse ausgehen.
   Wir sehen deutlich, dass sich die Handlungsgründe der
jungen Menschen breit aufgefächert darstellen. Der überwiegende Teil der Jugendlichen geht davon aus, dass je nach dem
soziokulturellen Feld, in dem man sich bewegt, unterschiedliche Handlungsmotive wirksam sind. So zeigt sich, dass im
persönlichen, familiären Umfeld eher aufgrund von Werten
und Gefühlen gehandelt wird, im beruflichen Umfeld dagegen der persönliche Nutzen und das materielle Interesse stark

motivierend wirken. Grob gesagt kann Familie als moralische Sphäre bezeichnet werden, in der in Anlehnung an das aristotelische Glücksprinzip Selbstverwirklichung durch altruistisches, am Wohle der anderen ausgerichtetes Handeln zu erreichen gesucht wird, während am Arbeitsplatz möglichst rücksichtslos und ohne Bedenken der eigene Vorteil auf Kosten der anderen angestrebt wird. Mit dieser moralischen Ambivalenz scheint ein kleinbürgerlicher Menschentypus umschrieben zu sein, der außerhalb der Familie Handlungsmaximen folgt, für die er sich schämen oder schuldig fühlen müsste, würde er nach ihnen auch innerhalb der Familie handeln.

Die Bindung an die Weltanschauung einer politischen Partei oder die Werte einer Religionsgemeinschaft unterliegen dem starken Einfluss des Bildungsstandes. Während man unter SchülerInnen und StudentInnen gerade einmal 10 Prozent findet, die sich in ihrem Handeln von politischen Weltanschauungen und religiösen Werten leiten lassen, ist es bei Lehrlingen und Berufstätigen immerhin fast ein Drittel. Es zeichnet sich hier das durchaus bemerkenswerte Phänomen ab, dass die Glaubwürdigkeit und Akzeptanz traditioneller Organisationen und ihrer Weltanschauungen stark an bildungsferne Lagen gebunden ist, während die bildungsnahen Milieus schon jetzt weitgehend von traditionellen politischen und religiösen Diskursen entkoppelt zu sein scheinen. Auf den Punkt gebracht könnte man sagen: Der überwiegende Teil der aufgeklärten Mittelschichten glaubt weder den PolitikerInnen noch dem Klerus auch nur ein Wort.

Wertedifferenzen zwischen soziokulturellen Milieus

Im Kontext eines durch religiöse Werte geleiteten Handelns zeigt sich im Vergleich von jungen Menschen mit und ohne

Migrationshintergrund, dass sich 40 Prozent der jungen MigrantInnen von den Werten ihrer Religionsgemeinschaft leiten lassen. Unter den jungen WienerInnen ohne Migrationshintergrund tun dies hingegen nur 12 Prozent (Institut für Jugendkulturforschung 2011).

Die Bindung an traditionelle Werte und Institutionen birgt aber auch eine deutliche Stadt/Land-Differenz in sich. Empirische Analysen machen deutlich, dass Wertewandel und Werteverschiebung in den Städten weiter vorangeschritten sind als auf dem Land. Ein gutes Beispiel ist die Einstellung der jungen ÖsterreicherInnen zur Wehrpflicht. In Wien treten zwei Drittel der 16-29-Jährigen für die Abschaffung der Wehrpflicht ein, in Oberösterreich lediglich knapp über 40 Prozent (vgl. tfactory 2011). Hinter dieser Differenz steht auch eine Wandlung in den vorgestellten Formen, wie Gemeinschaftsgefühl symbolisch und praktisch zum Ausdruck gebracht werden soll. Während im ländlichen Raum das Gefühl vorherrscht, einer von außen bedrohten Gemeinschaft anzugehören, die militärisch verteidigt werden muss, richtet sich das Wertedenken der urbanen Jugend an einem Gemeinschaftsengagement aus, das nach innen, also auf die Steigerung der inneren Qualität von Gemeinschaft gerichtet ist. Das relevante symbolische Zeichen für die Identifikation mit dem Vaterland ist für die ländliche Jugend nach wie vor die Uniform des Bundesheeres, während es für die städtische Jugend die Uniformen des Roten Kreuz, des ASB oder die Pflegermontur des Seniorenpflegeheims ist.

Bildungsnahe Schichten haben eine stärkere Affinität zu friedlichen Formen der Konfliktlösung. Dies wird offensichtlich gemacht durch eine 80-prozentige Zustimmung der 16-19-jährigen Wiener SchülerInnen und StudentInnen zur immerwährenden Neutralität Österreichs. Bei den Lehrlingen fällt die Zustimmung zur Neutralität deutlich geringer aus: Lediglich 50

Prozent befürworten sie. Im Gegensatz dazu meinen fast 30 Prozent der Lehrlinge, dass es für Österreich am besten wäre, in das militärische Verteidigungsbündnis NATO einzutreten. Daran wird der oben skizzierte Unterschied in Bezug auf Konfliktlösungsstrategien deutlich. Während bildungsnahe Schichten eher auf Diplomatie und Verhandlung setzen, stehen bildungsferne Milieus den militärischen Optionen der Konfliktlösung offener gegenüber (Institut für Jugendkulturforschung 2011).

Betrachtet man die Parteipräferenzen der 16-19-jährigen WienerInnen vor dem Hintergrund der Wertediskussion, so zeigt sich, dass die Bildungsschichten eher die Nähe jener Parteien suchen, die sich für postmaterialistische Wertorientierungen offen zeigen oder für Konzepte einer Wertesynthese zwischen Selbstverwirklichungswerten und Pflicht- und Akzeptanzwerten eintreten. Während die Grünen reine Postmaterialisten stark anziehen, ist die SPÖ für jene Gruppen attraktiv, die programmatische und praktische Versuche schätzen, materialistische und postmaterialistische Werte zu verbinden (Institut für Jugendkulturforschung 2011).

Im Gegensatz dazu stehen vor allem FPÖ und zum Teil auch ÖVP für jene Wählergruppen, die den Pflicht- und Akzeptanzwerten nahe stehen. Diese Wählergruppen, im Falle der FPÖ vor allem bildungsferne Schichten und bei der ÖVP das rechtskonservative städtische Bürgertum sowie die traditionsverbundene Landbevölkerung, vereinen ein hohes Sicherheitsbedürfnis mit der großen Angst vor Traditionsverlusten jeglicher Art. In beiden Gruppen herrscht ein großes kulturelles Identitätsbedürfnis mit Ausschließungscharakter vor. Man legt Wert darauf, dass klar zwischen einem kulturell „Richtigen" und einem kulturell „Falschen", zwischen einem kulturell „Drinnen" und einem kulturell „Draußen" unterschieden wird. Der aristotelische Altruismus ist vor allem im FPÖ-Milieu kaum verankert. Ansätze zu einer Wertesynthese im Sinne von Helmut Klages, die in einer Verbindung von Selbstverwirklichungswerten und Pflicht- und Akzeptanzwerten besteht und damit auch die Verantwortung gegenüber der Gemeinschaft beinhaltet, sind im konservativen städtischen Bürgertum zwar in Ansätzen erkennbar, auf der anderen Seite zeigt sich aber auch eine Entwicklung, die Wilhelm Heitmeyer als die Verrohung des Bürgertums bezeichnet, d.h. die Rückbildung traditioneller Formen des bürgerlichen Mitgefühls. Anstelle dessen tritt ein emotional abgestumpfter Egozentrismus, der, zu keinem Mitgefühl mehr fähig, seinen eigenen Vorteil über alles stellt und keinerlei Verantwortung für in Not geratene Menschen zu übernehmen bereit ist.

Handlungstheoretische Überlegungen

Hans Joas weist darauf hin, dass Werte etwas sind, „das uns ergreift, das wir nicht direkt ansteuern können, das aber, wenn es uns ergreift, zu einer spezifischen Erfahrung der Freiheit führt (…)" (Joas 2010: 14). Durch die Verwendung des Verbums „ergreifen" verweist Joas implizit auf die wichtige emotionale Dimension des Wertebegriffes, um später deutlich festzustellen, dass es sich bei Werten um „selbst emotional stark besetzte Vorstellungen über das Wünschenswerte handelt" (ebd.: 15). Werte beziehen sich also in einer emotional hoch aufgeladenen Weise auf die moralische Qualität unserer Wünsche. Sie geben uns Orientierung darüber, ob unsere Wünsche ethisch legitim oder nicht legitim sind, und lassen uns handeln, indem sie vor allem unsere Gefühle ergreifen.

Demzufolge ist es wohl nicht schwer zu verstehen, dass Werte nicht im Rahmen eines vernünftigen Diskurses „theoretisch" vermittelbar sind. Allein durch die Aufklärung der Menschen über die Sinnhaftigkeit und den Nutzen von Werten können diese nicht weitergegeben werden. Im schlimmsten Fall ist die Folge einer lediglich appellativen, in diskursiver Form an die Menschen herangetragenen Wertepropaganda die Ausprägung einer schizophrenen Wertebildung, die ein Individuum schafft, das sich einerseits auf der diskursiven Ebene positiv auf Werte bezieht und argumentativ für sie eintritt, dessen Handlungen andererseits aber von diesen Werten weitgehend unberührt bleiben. Die Schizophrenie eines solchen Handlungstypus besteht darin, dass er sein praktisches Handeln an eigensinnigen Nutzenüberlegungen ausrichtet, während er an Feiertagen der Werterhetorik von Volksvertretern und Klerikern frenetisch applaudiert. Wie aber können nun Werte vermittelt werden?

Auch hier hilft der Rückgriff auf die Tugendlehre des Aristoteles. Für Aristoteles ist der wertorientierte Mensch ein handelndes Individuum. Und dieses handelnde Individuum eignet sich sittliche Werte dadurch an, dass es im Sinne dieser Werte handelt. „Denn was man erst lernen muss, bevor man es ausführen kann, das lernt man, indem man es ausführt; Baumeister wird man, indem man baut, und Kitharakünstler, indem man das Instrument spielt. So werden wir auch gerecht, indem wir gerecht handeln, besonnen, indem wir besonnen, und tapfer, indem wir tapfer handeln." (Aristoteles 1999: 34f.)

Folgt man Aristoteles weiter, so kann ein tugendhaft handelnder Mensch nur dadurch entstehen, dass er innerhalb der Gemeinschaft im Sinne der grundlegenden Werte seiner Gemeinschaft handelt. Und auch die von Helmut Klages ins Treffen geführte notwendig zu erreichende Synthese zwischen autozentrischen und nomozentrischen Werten kann nur dann gelingen, wenn es ein genügend großes Angebot an Verantwortungsrollen für junge Menschen gibt, in denen sie aktiv handelnd ihre autozentrischen Bedürfnisse verwirklichen können und gleichzeitig aber lernen, Mitverantwortung für den größeren Zusammenhang des Gemeinwesens zu übernehmen. „Verantwortungsrollen disponieren zur Ausbildung der Wertesynthese. (…) Sie tragen auch dazu bei, dass ungleichgewichtige oder von Verlust geprägte Wertekonstellationen in Richtung der Wertesynthese weiterentwickelt werden. Man kann somit die These aufstellen, dass die Zukunftschance der Wertesynthese in einem hohen Maße von dem in einer Gesellschaft erschließbaren Potential an Verantwortungsrollen abhängen." (Klages 1988: 148f.)

Verantwortungsrollen müssen als ernsthafte Angebote für eine wirkliche Partizipation verstanden werden. Diese realen Formen der Partizipation müssen über Sympathiekundgebungen für PolitikerInnen, soziale Bewegungen, Opfer von Unterdrückung und Naturkatastrophen etc. in Internetforen und Online Social Networks hinausgehen. Auch hier geht es wohl darum, eine neue Synthese zwischen dem Handeln in der gesellschaftlichen Wirklichkeit und der Kommunikation in den virtuellen Welten des Internets zu finden. Das moralisierende Setzen von Zeichen der Bekenntnis auf facebook ist zu wenig, um es als relevantes Handeln mit moralbildenden Auswirkungen auf Individuen und Gesellschaft qualifizieren zu können.

Neben der Notwendigkeit des aktiven Handelns in sozialen Kontexten verweist der deutsche Soziologe Hans Joas auch auf die Wichtigkeit der Erfahrung von Selbstbildung und Selbsttranszendenz für die Wertebildung (Joas 1998: 252ff). Der Begriff der Selbsttranszendenz meint die Fähigkeit, über den engen Horizont der eigenen persönlichen Wünsche und Interessen hinauszudenken, und das Vermögen, die Grenzen des Egos in der Hingabe an eine gesellschaftliche Aufgabe oder andere Menschen handelnd zu überwinden. Die Fähigkeit zur Selbsttranszendenz ist von Lernerfahrungen abhängig, die nur dem aktiv in Verantwortungsrollen handelnden Menschen offen stehen.

Der Begriff der Selbstbildung setzt ein offenes, mit Frei-
räumen ausgestattetes Bildungssystem voraus, in dem jungen
Menschen die Möglichkeit gegeben wird, sich die soziale Welt
und die Diskurse über sie im Zuge eigenständiger, freier Reflexion anzueignen, welches zudem auch zeitliche Ressourcen
zur Verfügung stellt, die es erlauben, Verantwortungsrollen
an- und einzunehmen. Im Zusammenhang mit diesen Überlegungen kommt der Verdacht auf, dass das durch die Bologna-
Reform durch und durch verregelte und verschulte Bildungssystem die ethische und moralische Bildung der Menschen mehr
blockiert, als dass es sie fördert.

Tugenden müssen gelebt werden, sonst verbreiten sie sich
nicht und erlangen keine Relevanz für das menschliche Handeln. Die Aneignung und Vermittlung von Werten, die erfolgreiche Synthetisierung konkurrierender Werte erfordert Zeit
und Raum. Nur wer über zeitliche und räumliche Freiheiten
verfügt, der kann sich in Verantwortungsrollen aktiv handelnd
jene ethischen Werte und Prinzipien aneignen, deren Fehlen die
Fälle Grasser, Strasser und Hochegger erst möglich gemacht hat.

Es geht um mehr, als jungen Menschen in Bildungsfabriken
Sekundärtugenden und formalisiertes Wissen einzupauken. Es
geht um ein anderes Verständnis von Bildung, das sein wich-
tigstes Ziel nicht nur in der Vermittlung von funktionalem,
berufsrelevantem Wissen sieht, und um eine Politik, die signa-
lisiert, dass es ihr mit ihren Partizipationsangeboten wirklich
ernst ist. Durch eine total verzweckte, durch und durch for-
malisierte Bildung, das Eintrainieren von ethisch neutralen
Sekundärtugenden, politische Pseudopartizipation und moralisierende Sonn- und Feiertagsreden wird die moralische Krise,
in der sich unsere Gesellschaft ohne Zweifel befindet, wohl
kaum überwunden werden können.

MARKETING IN EINER JUVENILEN KULTUR

ÜBER DIE NOTWENDIGKEIT
DER VERALLGEMEINERUNG
JUGENDKULTURELLER KOMMUNIKATIONSSTILE

Die kulturelle Macht der Jugend

Seit Jahren mehren sich empirische Befunde, die darauf hin-
deuten, dass die Jugendphase sich ausdehnt (vgl. Ferchhoff
2007: 87). Sie beginnt immer früher und endet immer später.
Die kommerziellen Jugendkulturen und das Jugendmarketing erfassen heute bereits große Teile der unter Zehnjährigen.
Nicht zuletzt dies führt zu einem frühzeitigen Aufbrechen des
Schutz- und Schonraums der Kinderkulturen, in denen noch
an Feen, Riesen, Zauberer und den Weihnachtsmann geglaubt
werden durfte. An die Stelle von Fabelwesen und Märchenge-
stalten sind Actionhelden, Popstars und Spitzensportler getreten. Immer früher hängen Poster, auf denen die ephemeren
Stars des kulturindustriellen Komplexes abgebildet sind, in den
Zimmern unserer Nachkommenschaft. Immer früher werden
Kinderzimmer zu Jugendzimmern.

Das frühzeitige Verschwinden der Kindheit (vgl. Postman
2009) geht wohl ohne Zweifel in erster Linie auf das Konto einer
medial vermittelten Popkultur. Wenn in den Ferienclubs in

der Kinderdisco am Nachmittag weitgehend zur selben Musik getanzt wird wie am Abend in der Erwachsenendisco, dann wird deutlich, dass es der Kulturindustrie offenbar gelungen ist, große Teile der Kinderpopulation in KonsumentInnen von Popkultur zu verwandeln. Ein mediales Phänomen, dass ein Beleg für die zunehmende Kolonialisierung der Kinderkulturen durch die kommerzielle Popkultur ist, sind die immer häufiger in Castingshows wie dem „Supertalent" in Deutschland oder „Die große Chance" in Österreich auftretenden „Mini-Kandidaten", die Popstar imitieren, z. B. Michael Jackson. In den 1990er Jahren war die „Mini Playback Show" ein TV-Format, in dem Kinder die Bühnenperformance von Popstars möglichst stilecht darzustellen hatten. Auch dieses Format leistete einen Beitrag für die Vorverlagerung der Integration von Kindern in popkulturelle Kontexte.

Mit den Folgen dieser frühzeitigen Verwandlung von kinderkulturell ausgerichteten Kindern in popkulturelle Kids und der damit verbundenen Veränderung des kulturellen und Konsumverhaltens der Betroffenen muss sich das Jugendmarketing ebenso auseinandersetzen wie mit den Phänomen der so genannten „Nesthocker", also der Jugendlichen, die das Elternhaus immer später verlassen, ein Begriff, der symbolisch für die Verlängerung der Jugendphase oft bis hinein ins vierte Lebensjahrzehnt steht. Schon seit den 1980er Jahren hat die Jugendforschung versucht, der Ausdehnung der Jugendphase weit hinein in das Erwachsenenalter Rechnung zu tragen, indem sie den Begriff der „Nach-Jugend", die Postadoleszenz, in Stellung brachte.

Bereits die Shell-Studie 1981 entdeckte, dass sich „das System der Altersgliederung, das im Industriekapitalismus sich herausgebildet hat, neu konstituiert" (Jugendwerk der Deutschen Shell 1981: 101). Der Übergang vom Jugend- ins Erwachsenenalter war offensichtlich ins Stocken geraten. Zwischen die beiden Lebensphasen schob sich ein neuer Lebensabschnitt, in dem die Menschen weder richtig jugendlich noch richtig erwachsen zu sein schienen, ein Hybrid aus beiden Lebenskulturen, verwirrend, schillernd, widersprüchlich, uneindeutig und ohne klare Konturen.

Drei neue soziokulturelle Konstellationen sind ausschlaggebend für das Entstehen der postadoleszenten Lebensphase: die Verlängerung der Verweildauer in Bildungseinrichtungen, die zunehmende Jugendarbeitslosigkeit und die Herausbildung von posttraditionellen Formen der Vergemeinschaftung, so genannte Szenen, in die sich jene flüchten können, die den Einstieg ins Erwachsenenleben zumindest hinauszögern wollen (vgl. ebd.: 101ff.).

Seit 1981 hat sich die Tendenz zum verzögerten Ausstieg aus der Jugendphase verstärkt. Die Gründe dafür liegen in der deutlichen Intensivierung der Wirkungsmacht der oben genannten drei für die Herausbildung der biographischen Phase Postadoleszenz wesentlichen soziokulturellen Faktoren. Die Zahl der jungen Menschen in höheren Bildungsgängen ist drastisch gestiegen, ebenso die europäische Jugendarbeitslosigkeit, und auch der Einfluss der kommerziellen Jugendkulturen auf die Jugend und die damit verbundene fast flächendeckende Ausbreitung von Jugendszenen ist größer geworden.

Schon der britische Soziologe Gillis hat festgestellt, dass die postadoleszente Lebensphase durch „Mündigkeit ohne wirtschaftliche Grundlage" (zitiert nach Schäffers/Scherr 2005: 25) gekennzeichnet ist. Die Postadoleszenten sind soziokulturell selbständig, aber wirtschaftlich abhängig. Ob sie nun zur Schule gehen, arbeitslos sind oder sich freiwillig in ein jugendkulturelles Moratorium flüchten, immer bleibt das Angewiesensein auf das Geld der Familie oder des Staates ein diese Lebensphase prägender Umstand.

Die Diskrepanz zwischen kultureller Stärke und ökonomischer Schwäche prägt die Situation der jungen Altersgruppen insgesamt. Die postmoderne Jugend ist kulturell wohl die mächtigste Jugend aller Zeiten, ihr ökonomischer und politischer Einfluss ist dagegen verschwindend gering. So liegt die Macht in der Wirtschaft noch immer bei alten Männern zwischen 45 und 65 Jahren und die Politik ist weitgehend jugendfrei. Jedenfalls finden sich kaum Menschen unter 30 Jahren in den Entscheidungsgremien der repräsentativen Demokratie in Deutschland. Dies ist auch in Österreich so, obwohl dort seit 2007 die Sechzehnjährigen über das aktive Wahlrecht verfügen. In Deutschland wird das aktive Wahlrecht mit 16 Jahren seit einigen Jahren öffentlich diskutiert, in Brandenburg und Bremen ist es bereits eingeführt, aber auch hier bleiben die Sitze in den Parlamenten den Alten vorbehalten. Selbst ehemalige junge Parteien, wie die aus außerparlamentarischen Jugendbewegungen hervorgegangenen Grünen, sind in der Zwischenzeit zu einer Vereinigung von älteren HonoratiorInnen geworden. Sowohl in Österreich als auch in Deutschland prägen die 45-60-Jährigen das parlamentarische Erscheinungsbild der grünen Parteien.

Aber dort, wo es um Zeichen, Symbole und ästhetische Formen geht, in der Sphäre des Kulturellen, dort hat sich die Vormachtstellung der Jugend etabliert. Hier sind die Verhältnisse längst „präfigurativ", d. h., das traditionelle kulturelle Machtverhältnis steht auf dem Kopf. Nicht mehr die Jungen lernen von den Alten, sondern umgekehrt, die Alten müssen sich an den Jungen orientieren, wollen sie Akzeptanz und Ansehen erreichen. Geht es um die Frisur, die Jeans, das T-Shirt, die Musik, den Sport oder um Laptop und Handy, dann kommen die Alten nicht mehr am Vorbild der Jungen vorbei. In der kommerzialisierten Alltagskultur geben die Jungen die Richtung vor und die Alten folgen ihnen nach. Es ist gekommen, wie es

Margaret Mead schon in den 1960er Jahren vorhergesagt hat. In einer posttraditionellen Kultur, in der das Althergebrachte weitgehend an Einfluss und Bedeutung verliert, in der der Blick der Menschen primär auf die Zukunft gerichtet ist, weil das Zukünftige, ohne das es jemand wirklich vorhersehen kann, dem Alten und Gegenwärtigen als überlegen gilt, in einer solchen Zeit kommt der Jugend die Aufgabe zu, die Älteren bei der Hand zu nehmen und ihnen den Weg ins Unbekannte der Zukunft zu weisen (vgl. Mead 1971: 128). Denn die Jugendlichen gelten als ExpertInnen für die Zukunft, während die Erwachsenen Spezialisten der Vergangenheit sind. Dort, wo das Alte nichts mehr wert ist und „der Zuchtmeister der modernen Gesellschaft" (Liessmann 2012) die Zukunft ist, dort beginnt der „Style" der Jugend zu dominieren. Aber das ästhetische Phänomen des Styles übte in erster Linie Einfluss in den Feldern des Kulturellen und der Mode aus, Politik und Ökonomie sind der Herrschaft der Alten unterworfen geblieben. Und den Alten kann die Stylerevolte nur recht sein, denn die Inszenierungen der lebendigen Vielfalt einer juvenilen Mode helfen sogar, ihre Macht in Staat und Gesellschaft zu befestigen, denn „die Betonung des Modischen bekräftigt, dass nichts Wichtiges geändert wird" (Mead 1971: 65). Im Klartext: Wird viel in die Ästhetik der Oberfläche, in das kulturelle Spektakel investiert, dann wird dadurch oft ganz gezielt verdeckt, dass die politische und ökonomische Macht ohne Veränderung in den Händen derer bleibt, die sie immer schon hatten.

Die Dominanz der Ästhetik und der Werte der Jugend

„Freundlich oder erbost sagten mir viele Leute, vor allem ältere, bis zum Überdruss, es gäbe kein Alter. Es gäbe lediglich mehr oder weniger junge Leute, das sei alles. Für die Gesellschaft ist das Alter eine Art Geheimnis, dessen man sich schämt und über das zu sprechen sich nicht schickt." (Simone de Beauvoir 2000: 5)

An dieser Feststellung von Simone de Beauvoir, die die gesellschaftliche Verdrängung des Alters, des Symbols des nahenden Todes, in der französischen Gesellschaft der 1970er Jahre beschreibt, zeigt sich, dass das sozialpsychologische Phänomen der Todesverdrängung immer ein Gesellschaftsthema war. Die Versuche aber, das Alter unsichtbar zu machen, zumindest als ästhetisches Phänomen zum Verschwinden zu bringen, haben sich in unserer Gegenwart deutlich verstärkt. Heute verstecken wir nicht mehr nur das Alter hinter den Mauern von Spezialeinrichtungen, sondern wir versuchen es gar als schicksalhafte Notwendigkeit auszuschalten, indem wir probieren, es weg zu trainieren oder weg zu operieren, es mit Kosmetikprodukten, Hormonen und anderen Medikamenten bearbeiten. In einer juvenilen Gesellschaft ist das Alter ein Makel, es ist imageschädigend, man ekelt sich davor und es ist vor allem schlecht für das Geschäft. Alte Gesichter und alte Körper wirken nicht verkaufsfördernd. Bilder des Alters kommen nur als gezielte Provokation, als Ausnahme von der Regel, in der Werbekommunikation vor. Der Mainstream der Werbung zeigt sich jung und schön, er stellt jene jungen und makellos schönen Bilder des Menschen vor, die die Leute sehen wollen, auch jene, deren Jugend selbst schon verbraucht ist. Und damit kommen wir an einen entscheidenden Punkt. Das Alter will gar nicht in den Medien repräsentiert sein, außer es erscheint als jugendlich maskierte Betagtheit. Aber auch dieser Mummenschanz ist nur die zweitbeste Lösung für das Medienpublikum. Am liebsten ist es den Zusehern, wenn die Medien das Original inszenieren, die ungezügelt vitale, vor selbstbewusster Kraft und Lebensenergie strotzende Jugend.

Aber nicht nur die Ästhetik der Jugendkulturen bestimmt heute die Gesellschaft, auch ihre Werte dominieren die Medien- und Lebenswelten der Menschen. Alle, ob jung oder alt, sind gefordert, hungrig auf Neues, auf Abenteuer, auf Erfolg zu sein. Die Lust auf die Zukunft wird zur Pflicht. Nicht reminiszent in die Vergangenheit zu blicken ist angesagt, im Gegenteil, es geht um die Offenheit für das Unerwartete, für dass, was die Zukunft, bringen wird. Alle, ob alt oder jung, müssen demonstrativ die Werte der Jugend leben, den Erlebnishunger, die Abenteuerlust, die Spontanität. Leben in der Postmoderne ist verpflichtend hyperaktiv. Ständig auf dem Sprung und niemals passiv, das ist der Kern der dominierenden Lebensphilosophie unserer Zeit.

Dennoch, der Jugend sind biologische Grenzen gesetzt. Rund um das vierzigste Lebensjahr wird die Unmöglichkeit, die Jugend auf Dauer stellen zu können, evident. Vor allem durch die unabweisbare Erkenntnis, dass die zukünftige Lebenszeit eines über Vierzigjährigen wohl kürzer sein wird als seine bereits verlebte Vergangenheit. Zudem wird jetzt auch offensichtlich, dass der Alterungsprozess das Aufrechterhalten eines juvenilen Körperbildes mehr und mehr erschwert. Dennoch geben die meisten von uns ihre Versuche, ein jugendliches Erscheinungsbild aufrecht zu erhalten, nicht auf und versuchen, ihre Bemühungen um Verjugendlichung bis an die Grenzen des Möglichen auszureizen.

Körperkult und Selbstinszenierung als Kriterien des Erfolges

Mit dem Körper zeigt man, wer man ist und wodurch man sich von den anderen unterscheidet. In einer Massengesellschaft ist der Körper der Garant für Individualität. Er hebt den Einzelnen aus der Masse heraus und macht ihn zu etwas Besonderem und Einzigartigen. Und es ist der jugendliche Körper, der als zukunftsfähiger Körper wahrgenommen wird, der Eigenschaften wie Vitalität, Durchhaltevermögen, Durchsetzungsfähigkeit, Selbstkontrolle und Leistungsfähigkeit symbolisiert. Die Ästhetik des vitalen jugendlichen Körpers steht für die Werte einer liberalen Konkurrenzgesellschaft, in der der Einzelne täglich seine Fitness unter Beweis stellen muss. Das jugendlich-vitale Körperbild ist der Ausweis dafür, dass sein Träger die Werte der Erfolgsgesellschaft anerkennt und nach ihnen zu leben versucht.

Gemeinschaftsverlust und egozentrischer Individualismus

Wenn Ulrich Beck davon spricht, dass das Individuum zum zentralen Bezugspunkt für sich selbst und für die Gesellschaft geworden ist, so müssen wir zugleich aber auch sehen, dass die Gesellschaft, in der das egozentrische Individuum agiert, von diesem in erster Linie als Zweck- oder Interessengemeinschaften wahr- und in Anspruch genommen wird. Ganz in einem radikal-liberalen Sinn sehen sich diese „egozentrischen Individualisten", wenn sie an ihre Rolle in Staat und Gesellschaft denken, „lediglich als Mitglied einer politischen Zweckgemeinschaft, durch die Freiheits- und Eigentumsrechte des Individuums geschützt werden" (Baringhorst 2007: 12). Aber auch der Bezug zu Gemeinschaften im mikrosozialen Bereich wird instrumentell. Wie die Gesellschaft werden auch die kleinen Lebenswelten wie Freundeskreise, Sportgemeinschaften und selbst Familien immer mehr zur Ansammlung von Individuen, die durch ihr gemeinsames Handeln Vorteile erhalten wollen, die sie sich individuell nicht sichern können (vgl. Tietz 2002: 130). „Das Handeln ist kollektiv, doch sein Sinn bleibt ein individueller." (Sandel, zitiert nach ebd.: 130f.) Die betriebswirtschaftliche

Logik, die vom Prinzip „mit wenig Input zu möglichst großem Output" geprägt ist, befindet sich im Vormarsch. Das soziale Gegenüber erscheint den Menschen, die die Betriebswirtschaft als Lebensprinzip internalisiert haben, in erster Linie als Geschäftspartner, der Mitmensch wird ihnen zum Geschäftsfall. Die „commercio" tritt an die Stelle der „communio".

Vor allem unter den Eliten, den hochgebildeten Führungskräften, breitet sich eine Grundhaltung aus, die Heitmeyer als „verrohte Bürgerlichkeit" bezeichnet (Heitmeyer 2010). Große Teile der Eliten sind nicht mehr zum Mitleid mit sozial Schwachen und Benachteiligten fähig oder bereit. Das gesellschaftliche Ganze aus den Augen verloren, geht es ihnen nur mehr um den eigenen Vorteil, den sie zu realisieren trachten, völlig ungerührt vom Elend des Prekariats, deren miserables Leben sie durch ihr Handeln möglicherweise mit hervorgerufen haben.

Ästhetisierung der Jugendkultur und Verabschiedung des Authentizitätsprinzips

„Zweifellos erleben wir gegenwärtig einen Ästhetik-Boom. Er reicht von der individuellen Stilisierung über die Stadtgestaltung und die Ökonomie bis zur Theorie. Immer mehr Elemente der Wirklichkeit werden ästhetisch überformt, und zunehmend gilt uns Wirklichkeit im Ganzen als ästhetisches Konstrukt." (Welsch 1996: 9) Seit Mitte der 1990er Jahre hat sich der von Wolfgang Welsch konstatierte „Ästhetik-Boom" ohne Zweifel verstärkt. Mehr denn je kommt heute die Form vor dem Inhalt. Eine Selbstdarstellungsökonomie ist entstanden, in der der Leistungsverkauf vor der Leistungserbringung kommt. Castingshows regieren die Fernsehwelt, Shows, in der die gelungene (Selbst-)Präsentation über alles geht. Auch die Castingshows nahmen ihren Ausgang von den Jugendkulturen.

Die ersten Produktionen (z. B. „Popstars") zielten primär auf die jungen Zielgruppen, nach und nach rückten die Shows ins Hauptabendprogramm und sind heute ein attraktives Angebot auch für die Altersgruppe 40+. Das präfigurative Prinzip wirkte auch hier. Zuerst begeistern sich die Jungen für die Laufstegökonomie und dann ziehen die Alten nach.

Wie die Jugendkultur ist nun auch die Erwachsenenkultur dabei, das Authentizitätsprinzip zu verabschieden. Wen interessiert schon, wer der Mensch wirklich ist, wen seine Herkunft, seine Ausbildung, seine Religion, seine Moral? Wichtig ist, ob er die Rolle, die er jetzt gerade spielt, gut spielt. Es geht nicht darum, woher der Mensch kommt, um seine Geschichte, um die Entwicklung, die er genommen hat. Es geht um das, was er jetzt gerade ist, ohne Rücksicht darauf, was er war und woher er kommt. Junge und Alte stehen der Welt wie Schauspieler und Theaterpublikum gegenüber. Man weiß zwar, dass der Hamlet auf der Bühne nicht wirklich der Prinz von Dänemark ist, sondern ein versoffener Darsteller, der seine Frau betrügt, aber alle achten im Moment der Aufführung nur auf die Rolle und keiner sieht den Schauspieler. So ist heute das ganze Leben, ein Schauspiel in Permanenz, bei dem für niemanden mehr der Mensch hinter der Rolle von Interesse ist.

Es gilt als „uncool" unter Jugendlichen, das Rollenspiel von Menschen zu unterlaufen, indem man aufdeckt, was und wer wirklich hinter einer kunstvoll dargebotenen Maskerade steckt. An Aufklärung und Kritik im Dienste der Wahrheit besteht kein Interesse mehr. Der Grund dafür liegt im Prinzip der pragmatischen Komplizenschaft. Wer selbst niemanden aufdeckt, läuft weniger Gefahr, von anderen aufgedeckt zu werden. Wie die „Superstars" auf der Fernsehbühne, die Lieder singen, die nicht die ihren sind, so verwenden die Rollenspieler des Alltags einen Jargon, der nicht der ihre ist, stellen Bilder ins Internet, die sie als die eigenen ausgeben, obwohl sie die gutaussehende Freundin zeigen, machen Fantasieangaben zu Alter, Beziehungsstand und Beruf. Das Meiste von dem, was die postmoderne Jugend von sich zeigt, ist nicht echt. Das stört aber keinen, denn so ist die ganz Welt, nichts ist echt an ihr. Die gesamte Realität ist verdreht und fingiert. Vor allem in den Medien ist alles bloßer Schein, entweder frei erfunden, zumindest aber massiv verfälscht. Die Ignoranz der Medienbranche gegenüber dem Realitätsprinzip legitimiert die Jugend in ihrem Spiel mit eigenen erfundenen oder verfälschten Identitäten. Und wenn jedes Unternehmen, jede politische Partei, jeder Prominente PR-Berater engagieren darf, damit sie in der Öffentlichkeit mit ihrer Hilfe so erscheinen, wie sie in Wirklichkeit gerade nicht sind, warum soll dann der Durchschnittsjugendliche dasselbe nicht in Eigenregie machen dürfen?

Die Lust am Ästhetischen und ihre präsentative Symbolik

Die Jugend lebt in einer Selbstdarstellungsgesellschaft, in einer Gesellschaft, in der die Form vor dem Inhalt kommt. Der ästhetische Schein bestimmt das Bewusstsein. Die Jugendlichen sind ästhetische Wesen. Sie wissen, dass in einer Gesellschaft, in der die Warenästhetik regiert, die ästhetische Hülle alles und der Inhalt fast nicht bedeutet.

Die Lust am Ästhetischen prägt das Leben der Jugendlichen. Sie sehen gerne und lassen sich gerne sehen. Sie haben Freude daran, an ihrem Körper, an ihren Frisuren und ihren Kleidungsstilen zu arbeiten. Wenn sie sich entscheiden müssen, dann lassen sie sich von ihren Augen leiten, nicht von ihrem Verstand. Das muss die Kommunikation berücksichtigen, die in einer performativen Jugendkultur erfolgreich sein will.

Die 1985 verstorbene amerikanische Philosophin Susanne K. Langer unterscheidet zwischen zwei verschiedenen Arten der Vernunft: einer diskursiven und einer präsentativen Vernunft. Die diskursive Vernunft ist an die Sprache gebunden und damit an die kognitive Logik. Es geht also um vernünftiges Denken und logisches Argumentieren. Die Möglichkeiten der Sprache, z. B. Gefühle auszudrücken, sind aber sehr eingeschränkt. Schnell ist man an die Grenzen ihres Vermögens gekommen, wo mit Wittgenstein gesagt werden muss: „Wovon man nicht sprechen kann, davon muss man schweigen." (Wittgenstein 1963) Im Gegensatz zur diskursiven ist die präsentative Vernunft unmittelbar in den Wahrnehmungsapparat eingelagert. Schon im Verfahren der Perzeption ordnet und typisiert der Mensch die Gegenstände der Wahrnehmung. Sehen, aber auch das Hören, nehmen ihre eigenen, uns unbewussten Abstraktionen vor und ordnen dadurch das einzelne wahrgenommene Objekt einer allgemeinen Kategorie zu. Für Susanne K. Langer ist Sehen selbst schon ein Formulierungsprozess. „Unser Verständnis der sichtbaren Welt beginnt im Auge." (Langer 1987: 97) Die präsentative Wahrnehmung hat einen unbestreitbaren Vorteil: Mit ihr kommt man über die engen Vernunftsgrenzen, die die Sprache setzt, hinaus. Die Wahrnehmung und Erkenntnis kann sich nun auch den Bilder- und Gefühlswelten zuwenden und sich damit für intuitive Formen der Erkenntnis und dem Verstehen öffnen.

Die Menschen der Postmoderne, vor allem die jungen, sind Augenmenschen. Die von ihnen bevorzugte Vernunft hat präsentativen Charakter. Damit sind sie Bildern zugänglicher als Sprache. Die postmoderne Jugend will fühlen, will affiziert werden, will die Verführung anstelle der Überzeugung. Wer heute erfolgreich kommunizierend Gesellschaft verändern will, der muss seine Botschaften in Bilder verwandeln können. Wer den jugendkulturellen Bildercode nicht beherrscht, der kämpft auf verlorenem Boden.

Daraus ergibt sich die Konsequenz, dass wichtiger als die Dinge selbst die Art und Weise ist, in der sie arrangiert werden. Als Beispiel kann hier das Essen in Restaurants dienen. Die Nachkriegsgeneration besuchte mit Vorliebe Restaurants, in denen für wenig Geld üppige Speisen serviert wurden. Wichtig war, dass die Speisen nahrhaft und wohlschmeckend waren, und vor allem, dass viel auf dem Teller lag. Sekundär war die Art und Weise, wie die Speisen angerichtet waren. Heute spielt die Inszenierung des Essens eine tragende Rolle. Das Wesentliche ist nicht mehr die Speise, sondern die Art und Weise ihrer ästhetischen Inszenierung. Die Gestaltung der unmittelbaren Umgebung, in der gegessen wird, ist wichtig geworden. Wie ist das Restaurant ästhetisch konzipiert? Welchen Lifestyle repräsentiert die Restaurantausstattung? Welche erlebniskulturellen Themen werden angesprochen? Sogar die Form des Essgeschirrs hat nun Bedeutung gewonnen. In vielen Restaurants hat das Geschirr ein unverwechselbares, individuelles Design. Und natürlich geht es auch darum, wie das Essen angerichtet ist. Die Speisen müssen kreativ arrangiert sein, wollen sie die ästhetischen Bedürfnisse der Augenmenschen befriedigen. Als zweites Beispiel für die Ästhetisierung des Sozialen soll die Politik herangezogen werden. Der Gebrauchswert des Politischen hat sich weitgehend ins Ästhetische verschoben. Es kommt nun darauf an, wie PolitikerInnen aussehen, was sie in ihrer Freizeit tun, ob sie körperlich fit und vital wirken, ja selbst, wie ihre persönliche Wohnumgebung gestaltet ist, spielt eine Rolle. Homestorys können wahlentscheidend sein. Die Tätowierung der Ehefrau eines Spitzenpolitikers kann ausschlaggebender für den Wahlerfolg sein als das Programm, das er vertritt.

Jugendkommunikation ist vor allem dann erfolgreich, wenn sie in der Form einer bildzentrierten, nicht-argumentativen Kommunikation auftritt. Ein wichtiger Grund für dieser Entwicklung besteht in der grundlegenden Transformation der Medienlandschaft, im Zuge derer die Bilder in den Vordergrund treten und der wortsprachliche Anteil von Kommunikation mehr und mehr reduziert wird. An die Stelle der an die Sprache gebundenen diskursiven Symbolik der Kommunikation tritt die von der Präsentation von Bildern, nonverbalen Lifestyle-Codes und sinnenbestürmender Musik abhängige präsentative Symbolik. Die durch Bildmedien maßgeblich beeinflusste Sozialisation der Jugend schafft Rezipienten, die vor allem für die nichtbegriffliche Kommunikation der Verführung sensibel sind. Wer also Jugendliche erreichen will, der muss Bilder zeigen, Events inszenieren, muss der präsentativen Logik folgende „Gesamtkunstwerke" zur Aufführung bringen, die die Gefühle und die Körper der Zielgruppe berühren, anstatt auf sie mit guten Argumenten einzureden.

Grundsätze der Jugendkommunikation

Wenn wir das bisher Gesagte zusammenfassen, so zeigt sich, dass die Jugendkultur der Postmoderne auf dem Weg ist, zur allgemeinen Kultur der Gesellschaft zu werden. Ihr radikaler Individualismus, verbunden mit Leitwerten wie Vitalität, Zukunftsorientierung, Spontanität, Pragmatismus und Aktivismus, passt sich geradezu symbiotisch in die dominante neoliberale Leitkultur unserer Gegenwart ein. „History is bunk", meinte Henry Ford und verwies damit schon vor fast 100 Jahren auf das leitende Grundprinzip eines radikal marktwirtschaftlichen Liberalismus, dem die nachdenklich-reflexive, in historischen Zusammenhängen denkende Persönlichkeit nichts, das ohne Respekt vor Traditionen, vor allem am wirtschaftlichen Erfolg ausgerichtete, unbekümmert vorwärts in die Zukunft stürmende Individuum alles ist. Im Zuge der Verallgemeinerung dieser ihrer Kultur blieb die Jugend aber bis dato als Opfer einer Enteignung auf der Strecke. Die alten Eliten in Ökonomie und Wirtschaft vereinnahmten die Kultur der Jugend, perfektionierten damit ihre politische Macht und die Wirkweise ihrer Ökonomie, den Jugendlichen selbst verbleibt bis heute nicht mehr als die Rolle der modischen Trendsetter. Die Alten haben sich den Style und die Werte der Jugendgeneration angeeignet, ohne ihnen auch nur ein Stück der politischen und ökonomischen Macht abzugeben.

Gleichzeitig sind die Attribute der Jugendlichkeit zu mächtigen Instrumenten der Ausgrenzung geworden. Wer nicht mehr vital, erfolgshungrig und aktiv genug ist, der verschwindet vom Schirm der gesellschaftlichen Wahrnehmung. Die, die den Kampf gegen das Alter verlieren, werden vor allem ästhetisch ausgeblendet, obwohl sie zwischendurch immer wieder, fast hinterhältig, als die unverzichtbaren Träger wertvoller Erfahrung angerufen werden. Dazu passt, dass über Fünfzigjährige kaum mehr einen Arbeitsplatz finden. Offensichtlich ist die Erfahrung, die sie repräsentieren, doch nicht so viel wert, wie in Feiertagsreden gerne verlautet wird.

Vor allem die Ausbreitung der Bildmedien hat zu einer Privilegierung präsentativer Formen der Symbolverwendung geführt. Bilder, Events und musikalische Klangwelten verdrängen vor allem in der kommerziellen, aber auch in der politischen Kommunikation diskursive Formen der Kommunikation, die auf überzeugenden Argumenten fußen. Postmoderne Kommunikation richtet sich direkt auf den Körper, spricht Gefühle an und lässt den Geist weitgehend außen vor.

Welche allgemeinen Grundsätze einer postmodernen Jugendkommunikation lassen sich nun aus dieser Zusammenschau der Argumente ableiten?

Jugendkommunikation als totale Kommunikation

Die Jugendkultur ist zur ästhetischen Leitkultur der Gesellschaft geworden. Wer Einfluss auf die gesamte Gesellschaft bekommen will, der muss eine juvenile Kommunikation anbieten. Die Älteren orientieren sich an den Jungen. In einer Gesellschaft, die sich zwanghaft am Ideal der Juvenilität ausrichtet, ist soziale Integration und Anerkennung an ein jugendliches Erscheinen und Verhalten gebunden. So lange die herrschenden Diskurse so gelagert sind, dass sie all jene mit der Auslöschung bedrohen, die sich nicht mit jugendkulturellen Ästhetiken und Werten inszenieren, bleibt die juvenile Selbstinszenierung ein universelles Ideal. Dies bedeutet, dass das Marketing der Postmoderne in erster Linie juvenil sein muss. Selbst bei der Generation 50+ ist es besser, sie mit einer jugendkulturellen Ästhetik zu überfordern, als sie mit einer „altersadäquaten" Kommunikation als kulturell randständige und dem Gestern zugehörige Existenzweise zu brandmarken.

Verführung durch Bilder und Events

Nicht nur die Jugend, die gesamte Gesellschaft ist von „Augendenkern" dominiert. Verführung durch Bilder anstatt Überzeugen durch Argumente lautet das postmoderne Grundprinzip der Kommunikation. Die Form kommt vor dem Inhalt, der Gebrauchswert von Produkten und Produktkommunikationen ist weitgehend vom Inhalt in die Form ausgewandert.

Die neben dem Bild wesentlichste Form nicht-diskursiver Kommunikation ist das Spektakel, das Event. Das Spektakel ist eine Gefühlsangelegenheit. Es verführt, indem es alle Sinne in den Bann zieht. Die Beschäftigung der Sinne ist die Hauptaufgabe juveniler Marketingkommunikation. In einem Zeitalter des Spektakulären wollen die Menschen nicht überzeugt, sie wollen berührt, verführt, erschüttert werden. Ein gut inszenierter, völlig sinnloser Sprung aus 39 Kilometer Höhe ist wichtiger als jede Produktinformation. Das postmoderne Individuum will den (Sinnes-)Rausch und nicht die Wahrheit.

Juvenile Kommunikation braucht ein sicheres ästhetisches Terrain

Bild ist nicht gleich Bild, Codes sind nicht gleich Codes. Die spektakuläre Lifestyle-Kultur hat sich breit ausdifferenziert. Unterschiedliche Gruppen, vor allem unter den jungen KonsumentInnen, sind mit unterschiedlichen symbolischen Formen emotional verbunden. Werden Codes zu weitgehend verallgemeinert, verlieren sie ihre „magische" Wirkung. Mehr denn je gilt heute in der juvenilen Kommunikation der alte Satz: „Wer für alles offen ist, der ist nicht ganz dicht." Zielgruppen strukturieren sich nach symbolischen Formen, grenzen sich aufgrund spezifischer Ästhetiken voneinander ab. Es ist besser, auf einem sicheren ästhetischen Terrain zu stehen, als es allen recht machen zu wollen. Die intensive Zuwendung zu einer klar abgegrenzten „Szene" ist die notwendige „Homebase", von der ausgehend es einmal möglich sein könnte, andere Symbolkulturen zu erobern.

Role Models statt Vorbilder

Das ästhetische Zeitalter sucht keine Vorbilder, sondern Role Models. Vorbilder funktionieren nach der alten diskursiven Symbolik. Sie versuchen, mit Argumenten zu überzeugen. Role Models überzeugen durch ihre ästhetische Kompetenz, sie folgen einer präsentativen kommunikativen Logik. Lady Gaga argumentiert genauso wenig wie David Beckham. Vor allem deshalb beeinflussen sie das kulturelle und Konsumverhalten der Menschen. Role Models sind niemals angepasst. Sie überschreiten Grenzen, sie fordern heraus. Wir bewundern, was uns überlegen ist, und lieben, was sich uns unterwirft. Role

Models müssen überlegen sein, sollen sie funktionieren. Wir bewundern nicht unser langweiliges „authentisches" Selbst, wir bewundern den, der unsere Durchschnittlichkeit überschreitet. Role Models funktionieren dadurch, dass sie Rebellen im Medium des „Styles" sind, Stil-Rebellen. Sie fordern die Gesellschaft auf dem Terrain des Ästhetischen heraus. Aber trotzdem sie die Grenzen des Alltäglichen überschreiten, müssen sie anschlussfähig an die Alltagskultur bleiben. „Most advanced, yet acceptable" heißt das Prinzip, nach dem sie funktionieren.

Das Körperbild als Köder für egozentrische Individualisten
Der Körper steht im Zentrum der egozentrischen Individualisierung. Er wirkt deshalb, weil er sich der präsentativen Symbolik bedient. Der Körper argumentiert nicht, er zeigt sich. Er ist das Zentrum einer „performativen Ökonomie" (vgl. Neckel 2008). Dies bedeutet, dass der Körper nicht dem Leistungs-, sondern dem Erfolgsprinzip unterliegt. Er überzeugt nicht primär durch arbeitsbezogene Leistungen, sondern durch den performativen Markterfolg. Das Körperbild muss nicht ehrlich erarbeitet sein. Es ist egal, durch den Einsatz welcher Mittel es erzeugt wird. Authentizität ist ein altes Wort mit einer alten Bedeutung. Keinen interessiert mehr, was sich hinter einer ästhetischen Form, einer Maskerade verbirgt. Der Körper ist, wie er ist. Er wird zur Kenntnis genommen, nicht hinterfragt. Der Körper steht im Mittelpunkt des egozentrischen Individualismus, der ein ästhetischer Individualismus ist. Das Besondere ist das Körperliche, das, was sich zeigt, nicht das, was spricht. Das postmoderne juvenile Marketing zeigt sich eng mit dem Körper verbunden. Die Magie der präsentativen Symbolik wird eingesetzt, um Menschen zum Konsum zu verführen. Der Körper ist der Köder, mit dem der egozentrische ästhetische Individualist gefangen wird.

LITERATUR

Adorno, Theodor W.: Erziehung zur Mündigkeit. Vorträge und Gespräche mit Hellmut Becker 1959 – 1969. Frankfurt am Main 1971.

Ammon, Frieder von: Texte zur Musikästhetik. Stuttgart 2011.

Anders, Günther: Die Antiquiertheit des Menschen. Band 2: Über die Zerstörung des Menschen im Zeitalter der dritten industriellen Revolution. München 2002.

Aristoteles: Politika. Reinbek bei Hamburg 1994.

Aristoteles: Nikomachische Ethik. Stuttgart 2010.

Baacke, Dieter: Handbuch Jugend und Musik. Opladen 1997.

Baringhorst, Sigrid u. a. (Hrsg.): Politik mit dem Einkaufswagen. Unternehmen und Konsumenten als Bürger in der globalen Mediengesellschaft. Bielefeld 2007.

Beauvoir, Simone de: Das Alter. Hamburg 2007.

Beck, Ulrich: Risikogesellschaft. Auf dem Weg in eine andere Moderne. Frankfurt am Main 2007.

Bette, Karl-Heinrich: Körperspuren. Zur Semantik und Paradoxie moderner Körperlichkeit. Bielefeld 2005.

Bosch, Aida: Konsum und Exklusion. Eine Kultursoziologie der Dinge. Bielefeld 2010. Bröckling, Ulrich: Das unternehmerische Selbst. Soziologie einer Subjektivierungsform. Frankfurt am Main 2007.

Büsser, Martin: Zum Verhältnis von Pop und Politik. In: Krettenauer, Thomas; Ahlers, Michael (Hrsg.): Pop Insights. Bestandsaufnahme aktueller Pop- und Medienkultur. Bielefeld 2007, S. 25-33.

Calmbach, Marc u. a.: Wie ticken Jugendliche? Lebenswelten von
    Jugendlichen im Alter von 14 bis 17 Jahren in Deutschland.
    Heidelberg & Berlin 2012.

Carstensen, Tanja: Das Internet als Effekt diskursiver Bedeutungskämpfe.
    Folienpräsentation. Berlin 2009.

Deleuze, Gill: Postskriptum über die Kontrollgesellschaft. In: Menke,
    Christoph/Rebentisch, Juliane (Hrsg.): Kreation und Depression.
    Freiheit im gegenwärtigen Kapitalismus. Berlin 2011, S. 5-12.

Deutsche Shell (Hrsg.): Jugend 2006. 15. Shell Jugendstudie: Eine
    pragmatische Generation unter Druck. Frankfurt am Main 2006.

Ehrenberg, Alain: Das erschöpfte Selbst. Depression und Gesellschaft in
    der Gegenwart. Frankfurt am Main 2008.

ErstwählerInnenbefragung zur Wien-Wahl 2010, Eigenstudie des Instituts Jugend-
    kulturforschung. Studienleitung: Mag. Bernhard Heinzlmaier. Wien 2010.

Farin, Klaus/Seidel, Eberhard: Krieg in den Städten. Jugendgangs in
    Deutschland, Berlin 1991 sowie (erweitert) 2012.

Fenner, Dagmar: Einführung in die angewandte Ethik. Stuttgart 2010.

Ferchhoff, Wilfried: Jugend und Jugendkulturen im 21. Jahrhundert:
    Lebensformen und Lebensstile. Wiesbaden 2007.

Fiske, John: Lesarten des Populären. Wien 2003.

Foucault, Michael: Ästhetik der Existenz. Schriften zur Lebenskunst.
    Frankfurt am Main 2007.

Friedrichs, Henrike/Sander, Uwe: Die Verschränkung von Jugendkulturen
    und digitalen Medienwelten. In: Hugger, Kai Uwe (Hrsg.): Digitale
    Jugendkulturen. Wiesbaden 2010.

Fuchs, Werner: Jugendbiographie. In: Jugendwerk der Deutschen Shell:
    Jugend '81, Band 1. Lebensentwürfe Alltagskulturen Zukunftsbilder.
    Hamburg 1981, S.124-344.

Fuhr, Michael: Populäre Musik und Ästhetik. Die historisch-philosophische
    Rekonstruktion einer Geringschätzung. Bielefeld 2007. S. 23-36.

Fuhse, Jan/Stegbauer, Christian (Hrsg.): Kultur und mediale Kommunikation
    in sozialen Netzwerken. Wiesbaden 2011.

Gebhardt, Winfried: Feste, Feiern und Events. Zur Soziologie des Außergewöhnlichen. In: Gebhardt, Winfried/Hitzler, Ronald/ Pfadenhauer, Michaela: Events. Soziologie des Außergewöhnlichen. Opladen 2000. S. 17-32.

Gebhardt, Winfried/Hitzler, Ronald/Schnettler, Bernd: Unterwegs-Sein – Zur Einleitung. In: Gebhardt, Wienfried/Hitzler, Ronald: Nomaden, Flaneure, Vagabunden. Wissensformen und Denkstile der Gegenwart. Wiesbaden 2006. S. 9-22.

Graeber, David: Inside Occupy. Frankfurt am Main 2012a.

Graeber, David: Kampf dem Kamikaze-Kapitalismus. München 2012b.

Griese, Hartmut M.: Jugendsoziologie. Aktuelle Jugendforschung und klassische Jugendtheorie. Berlin 2007.

Gorz, Andre: Kritik der ökonomischen Vernunft: Sinnfragen am Ende der Arbeitsgesellschaft. Zürich 2010.

Großegger, Beate/Heinzlmaier, Bernhard: Jugendkultur-Guide. Wien 2002.

Großegger, Beate/Heinzlmaier, Bernhard: Die neuen Vorbilder der Jugend. Wien 2007.

Hall, Stuart: Eine permanente neoliberale Revolution? In: *Das Argument* 294. S. 651-671.

Haselbach, Dieter/Klein, Armin/Knüsel, Pius/Opitz, Stephan: Der Kulturinfarkt. Von Allem zu viel und überall das Gleiche. Eine Polemik über Kulturpolitik, Kulturstaat, Kultursubvention. München 2012.

Hastedt, Heiner: Was ist Bildung? Eine Textanthologie. Stuttgart 2012.

Haug, Wolfgang Fritz: Kritik der Warenästhetik. Frankfurt am Main 1971.

Heinzlmaier, Bernhard: Jugend unter Druck: Das Leben der Jugend in der Leistungsgesellschaft und die Krise der Partizipation in der Ära des posttraditionellen Materialismus – Dossier als E-Paper. Wien 2007.

Heitmeyer, Wilhelm (Hrsg.): Deutsche Zustände. Folge 6. Berlin 2007.

Heitmeyer, Wilhelm (Hrsg.): Deutsche Zustände. Folge 8. Frankfurt am Main 2010.

Hellmann, Kai-Uwe: Fetische des Konsums. Studien zur Soziologie der Marke. Wiesbaden 2011.

Hepp, Andreas: Kommunikationsnetzwerke und kulturelle Verdichtungen: Theoretische und methodologische Überlegungen, in: Ruhse, Jan/ Stegbauer, Christian (Hrsg.): Kultur und mediale Kommunikation in sozialen Netzwerken. Wiesbaden 2011, S. 13-29 .

Hitzler, Ronald: Der unberechenbare Bürger. Über einige Konsequenzen der Emanzipation der Untertanen. In: Beck, Ulrich (Hrsg.): Kinder der Freiheit. Frankfurt am Main 1997. S. 175-194.

Hitzler, Ronald/Bucher, Thomas/Niederbacher, Arne: Leben in Szenen. Formen jugendlicher Vergemeinschaftung heute. Wiesbaden 2005.

Hitzler, Ronald/Honer, Anne/Pfadenhauer, Michaela: Posttraditionelle Gemeinschaften: Theoretische und ethnographische Erkundungen. Wiesbaden 2008.

Hitzler, Ronald/Niederbacher, Arne: Leben in Szenen. Wiesbaden 2010.

Hitzler, Ronald/Pfadenhauer, Michaela: Lernen in Szenen. Über die „andere" Jugendbildung. In: *Journal der Jugendkulturen*, Nr. 12, Berlin 2007, S. 53-58.

Höffe, Otfried: Aristoteles' universalistische Tugendethik. In: Rippe, Klaus Peter/Schaber, Peter: Tugendethik. Stuttgart 1998. S. 42-68.

Horkheimer, Max: Zur Kritik der instrumentellen Vernunft. Frankfurt am Main 2007.

Horkheimer, Max/Adorno, Theodor W.: Dialektik der Aufklärung. Philosophische Fragmente. Frankfurt am Main 1988.

Horster, Detlef: Ethik. Stuttgart 2009.

Hugger, Kai Uwe (Hrsg.): Digitale Jugendkulturen. Wiesbaden 2010.

Hurrelmann, Klaus: Einführung in die Sozialisationstheorie. Berlin 2002. Frankfurt am Main 2006.

Hurrelmann, Klaus: Lebensphase Jugend: Eine Einführung in die sozialwissenschaftliche Forschung. Weinheim/München 2005.

Hurrelmann, Klaus u. a.: Eine pragmatische Generation unter Druck. Einführung in die Shell Jugendstudie 2006. In: Deutsche Shell 2006.

Honer, Anne: Kleine Leiblichkeiten. Erkundungen in Lebenswelten. Wiesbaden 2011.

Ikrath, Philipp: Jugendwertestudie 2011. Wien 2012.

Illouz, Eva: Gefühle in Zeiten des Kapitalismus. Frankfurt am Main 2006.

Illouz, Eva: Die Errettung der Modernen Seele: Therapien, Gefühle und die Kultur der Selbsthilfe. Frankfurt am Main 2009.

Inglehart, Ronald: Kultureller Umbruch. Wertewandel in der westlichen Welt. Frankfurt am Main 1995.

Institut für Jugendkulturforschung: elf/18 – die Jugendstudie (Eigenstudie), rep. für 11- bis 18-jährige Jugendliche in Österreich, n=880. Wien 2007.

Institut für Jugendkulturforschung: Gesundheitsförderung im Zielsegment Jugend: Grundlagenstudie zu Gesundheitsbewusstsein und Gesundheitsstilen bei 14- bis 25-jährigem Event-Publikum im urbanen Raum und in den Regionen, gefördert aus Mitteln des Fonds Gesundes Österreich/Co-Finanzierung: BMG. Wien 2009 (a).

Institut für Jugendkulturforschung: Uni-Proteste 2009: Blitzumfrage unter Studierenden der Universität Wien, die den Protestaktionen grundsätzlich zustimmen (Eigenstudie), n=213. Wien 2009 (b).

Institut für Jugendkulturforschung: Stimmungsbarometer „Jugend und Werte". Tabellenband. Wien 2011.

Joas, Hans: Die Entstehung der Werte. Frankfurt am Main 1997.

Joas, Hans: Die kulturellen Werte Europas. Eine Einleitung. In: Joas, Hans/ Wiegandt, Klaus: Die kulturellen Werte Europas. Frankfurt am Main 2010. S. 11-39.

Jugend-Wertestudie 2011: Studienleitung: Mag. Philipp Ikrath. Wien 2012.

Kant, Immanuel: Was ist Aufklärung? Ausgewählte kleine Schriften. Hamburg 1999.

Klages, Helmut: Wertedynamik. Über die Wandelbarkeit des Selbstverständlichen. Osnabrück 1988.

Kraushaar, Wolfgang: Der Aufruhr der Ausgebildeten. Vom Arabischen Frühling bis zur Occupy-Bewegung. Hamburg 2012.

Krüger, Heinz-Hermann: Handbuch der Jugendforschung. Opladen 1993.

Langer, Susanne K.: Philosophie auf neuem Wege. Das Symbol im Denken, im Ritus und in der Kunst. Frankfurt am Main 1984.

Lasn, Kalle: Culture Jamming. Die Rückeroberung der Zeichen. Freiburg 2005.

Liessmann, Konrad Paul: Lob der Grenze. Kritik der politischen Unterscheidungskraft. Wien 2012.

Luhmann, Niklas: Die Gesellschaft der Gesellschaft. Frankfurt am Main 1998.

Marx, Karl: Ökonomisch-philosophische Manuskripte. In: Marx, Karl: Philosophische und ökonomische Schriften. Stuttgart 2009, S. 28-45.

Mead, Margaret: Der Konflikt der Generationen. Jugend ohne Vorbild. Eschborn 2000.

Meyer, Thomas: Die Transformation des Politischen. Frankfurt am Main 1994.

Mouffe, Chantal: Über das Politische. Wieder die kosmopolitische Illusion. Frankfurt am Main 2007.

Müller-Bachmann, Eckart: Neues im jugendkulturellen Raum? Kulturelle Positionen Jugendlicher. In: Müller, Renate u. a. (Hrsg.): Wozu Jugendliche Musik und Medien gebrauchen. Jugendliche Identität und musikalische und mediale Geschmacksbildung. Weinheim und München 2002. S. 87-111.

Neckel, Sighard: Flucht nach vorn. Die Erfolgskultur der Marktgesellschaft. Frankfurt am Main 2008.

Negt, Oskar: Der politische Mensch. Demokratie als Lebensform. Göttingen 2010.

Nussbaum, Martha C.: Nicht für den Profit. Warum Demokratie Bildung braucht. Überlingen 2012.

Perniola, Mario: Wider die Kommunikation. Berlin 2005.

Polanyi, Karl: The Great Transformation. Politische und ökonomische Ursprünge von Gesellschaften und Wirtschaftssystemen. Frankfurt am Main 1978.

Posch, Waltraud: Projekt Körper. Wie der Kult um die Schönheit unser Leben prägt. Frankfurt am Main 2009.

Postman, Neil: Das Verschwinden der Kindheit. Berlin 2009.

Public Value Studie 2010: Jugend und Gesellschaftspolitik –14- bis 29-jährige Zielgruppe, Auftraggeber: ORF, Studienleitung: Dr. Beate Großegger. Wien 2010 als E-Paper.

Sandel, Michael J.: Was man für Geld nicht kaufen kann. Die moralischen Grenzen des Marktes. Berlin 2012.

Schäfers, Bernhard/Scherr, Albert: Jugendsoziologie. Einführung in Grundlagen und Theorie. Wiesbaden 2005.

Schmitt, Carl: Die Tyrannei der Werte. Berlin 2011.

Scholz, Leander: Der Tod der Gemeinschaft: Nietzsche und Hobbes. In: Böckelmann, Janine/Morgenroth, Claas (Hrsg.): Politik der Gemeinschaft. Zur Konstitution des Politischen in der Gegenwart. Bielefeld 2008, S. 28-48.

Schroer, Markus: Soziologie des Körpers. Frankfurt am Main 2005.

Schulze, Gerhard: Die beste aller Welten: Wohin bewegt sich die Gesellschaft im 21. Jahrhundert? Frankfurt am Main 2004.

Schulze, Gerhard: Die Erlebnisgesellschaft: Kultursoziologie der Gegenwart. Frankfurt am Main 2005.

Schürmann, Carola: Zum Bedürfnis nach musikalischer Unterhaltung. In: Faulstich, Werner/Knop, Karin (Hrsg.): Unterhaltungskultur. München 2006, S. 65-76.

Sennett, Richard: Die Kultur des neuen Kapitalismus. Berlin 2005.

Sennett, Richard: Der flexible Mensch. Berlin 2006.

Silbereisen, Rainer K./Vaskovics, Laszlo. A./Zinnecker, Jürgen (Hrsg.): Jungsein in Deutschland. Jugendliche und Erwachsene 1991 und 1996. Opladen 1996.

Silverstone, Richard: Anatomie der Massenmedien. Ein Manifest. Frankfurt am Main 2007.

Simmel, Georg: Die Großstädte und das Geistesleben. In: Kimmich, Dorothee u. a.: Kulturtheorie. Bielefeld 2010, S. 241-254.

Smith, Greg: Why I am Leaving Goldman Sachs. In.: *New York Times* vom 14. März 2012.

Stamm, Holger: Musiknutzung und Radiorezeption. In: Mangold, Roland/Vorderer, Peter/Bente, Gary (Hrsg.): Lehrbuch der Medienpsychologie. Göttingen/Bern/Toronto/Seattle 2004. S. 443-464.

Stocker, Michael: Die Schizophrenie moderner ethischer Theorien. In: Rippe, Klaus Peter/Schaber, Peter: Tugendethik. Stuttgart 1998. S. 19-41.

Straub, Eberhard: Zur Tyrannei der Werte. Stuttgart 2010.

Tamke, Fanny: Jugend, soziale Ungleichheit und Werte: Theoretische Zusammenführung und empirische Überprüfung. Wiesbaden 2008.

tfactory: Timescout Welle 10, rep. für 11-bis 29-jährige Trendsetter und Early Adopters, n=1.200. Wien 2007.

tfactory: Timescout Welle 11, rep. für 11-bis 29-jährige Trendsetter und Early Adopters, n=1.200. Wien 2008a.

tfactory: Timescout Welle 15, rep. für 11-bis 29-jährige Trendsetter und Early Adopters, n=1.200. Hamburg 2008b.

tfactory: Jugendszeneanalyse 2009, rep. für 16-bis 29-jährigen, n=1.200. Wien 2009.

tfactory: Timescout Österreich Welle 12. Tabellenband. Wien 2010.

tfactory: Timescout Welle 15. Umfrage unter Trendsettern und Early Adopters zu den Themen „Freizeit", „Medien" und „Werte" (Tabellenband), Wien 2011a.

tfactory: Positionen der österreichischen Jugend zur Wehrpflicht. Tabellenband. Wien 2011b.

Thole, Werner: Jugend, Freizeit, Medien und Kultur. In: Krüger, Heinz-Hermann/Grunert, Cathleen (Hrsg.): Handbuch Kindheits- und Jugendforschung. Wiesbaden 2010, S. 727-764.

Tietz, Udo: Die Grenzen des Wir. Eine Theorie der Gemeinschaft. Frankfurt am Main 2002.

Trabant, Jürgen: Wilhelm von Humboldt. Das große Lesebuch. Berlin 2010.

Verein Arbeitsgemeinschaft Media-Analysen: Media-Analyse 2007.

Welsch, Wolfgang: Grenzgänge der Ästhetik. Stuttgart 1996.

Wittgenstein, Ludwig. Tractatus Logico-Philosophicus. Frankfurt am Main 1963.

Zizek, Slavoj: Gewalt. Sechs abseitige Reflexionen. Hamburg 2011.

Žižek, Slavoj: Ein Sachcomic. Überlingen 2012.

SIE INTERESSIEREN SICH FÜR JUGENDKULTUREN?

Jürgen Bacia / Cornelia Wenzel:
BEWEGUNG BEWAHREN. Freie Archive und die Geschichte von unten
21,5 x 21,5, Hardcover, Innenteil s/w, mit zahlreichen Abbildungen, 280 Seiten
ISBN: 978-3-943774-18-4

Freie Archive bewahren die Geschichte von unten: die Dokumente der Spontis und
der Autonomen, der linken Parteiansätze und der Basisgruppen, der Frauen und der
Schwulen, der Friedens- und der Umweltbewegungen, der Internationalismusinitiativen
und der Jugendszenen, der DDR-Oppositionsgruppen, der Selbsthilfebewegungen und
Vieles mehr. Freie Archive sind das Gedächtnis der Bewegungen. Eine bunte Vielfalt, die
Gegenüberlieferung sichern will und doch oft selbst ums Überleben kämpft. Dieses Buch
wirft einen Blick auf den Zustand, die Geschichte und das Selbstverständnis der Freien
Archive in Deutschland.